FABBRI
EDITORI

Carlotta Ferlito

Vola con me

Il mio diario

FABBRI EDITORI

ISBN 978-88-915-0723-5
Prima edizione Fabbri Editori: maggio 2014

Art direction e copertina: Sergio Pappalettera/Studio ProDesign
Progetto grafico e impaginazione: Gaia Daverio
e Lorenzo Paolo Sdraffa/Studio ProDesign
Editor: Roberta Ferrari
Coordinamento editoriale: Roberta Famà
Coordinamento del progetto: Silvia Ferraris e Maria Pontisso
Coordinamento tecnico: Sergio Daniotti

L'editore è riconoscente all'Esercito Italiano, al Centro Sportivo Olimpico dell'Esercito e alla Federazione Ginnastica d'Italia per la preziosa collaborazione alla realizzazione di questo libro.

orza
FREDDY

Prima di cominciare, grazie ai miei 150.000 angeli

Ci sono giorni felici e giorni no. Giorni in cui potresti cantare dalla gioia e giorni in cui vuoi nascondere la testa sotto il cuscino. Giorni in cui ti senti la migliore e giorni in cui ti sembra che il mondo ce l'abbia con te.

È normale, a tutti capitano. Anche a me, e voi che mi siete sempre vicino sui social lo sapete. A volte ho l'impressione che mi capiate davvero perfettamente. Sapete quando mi arrabbio, sapete quando sono felice, quando scherzo e quando sono un po' giù. E ci siete sempre, con una parola dolce, con un consiglio, con una battuta che mi fa ridere, con una frase che mi commuove tanto da farmi venire il groppo in gola.

Se mi guardo indietro e vedo tutta la strada che ho percorso, mi viene da pensare che non ci sarei riuscita senza il vostro sostegno.

Per questo ho voluto fare questo diario. In queste pagine, ho raccolto tutte le mie emozioni insieme a piccoli consigli, canzoni, frasi e citazioni che accompagnano le mie giornate e che mi aiutano a superare i momenti negativi o mi danno la carica in quelli positivi.
Li ho raccolti qui perché spero che possano servire anche a voi. Non sono vecchia e saggia, e non voglio insegnare niente a nessuno. Voglio solo condividerli. Tanti di questi consigli, poi, vengono proprio da voi. In questi ultimi anni mi siete stati vicini e mi avete regalato tanto conforto, allegria, sostegno, gioia, affetto. Senza di voi, non so come farei. Ciao cuoricini.
Siete la cosa più bella che ho.

La parola di oggi è...

Energia

L'energia è l'essenza della vita.
Ogni giorno decidi come la userai.
Devi sapere ciò che vuoi
e restare focalizzato sul tuo obiettivo.

- OPRAH WINFREY -

In palestra a Catania, mi chiamavano Duracell perché ero sempre carica e non mi fermavo mai.

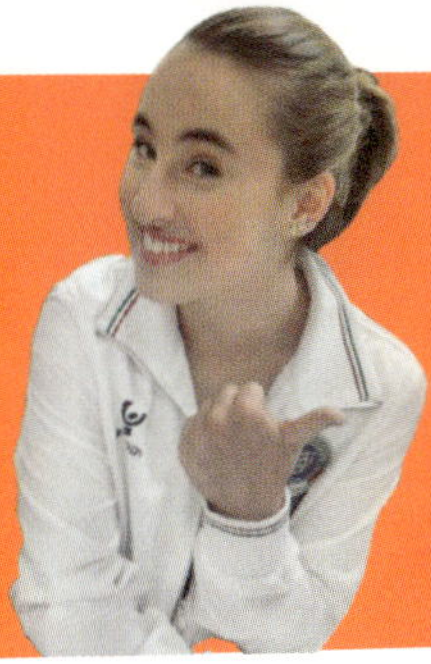

Dicono che la ginnastica sia lo sport più difficile di tutti e per tanti versi è vero.
Richiede un impegno costante, tutti i giorni, per anni e anni. Io per esempio ho dovuto lasciare casa mia quando ero ancora molto piccola e trasferirmi lontano dalla mia famiglia. Ho dovuto rinunciare ad andare a scuola come tutti gli altri ragazzi della mia età. E poi, se sei tra le poche che riesce a ritagliarsi un percorso da professionista, in un minuto e mezzo di esercizio ti giochi tutto, insieme ad altre ragazze che come te hanno rinunciato a tanto per essere lì quel giorno. Se non fai meglio di loro, tutti i tuoi sacrifici sono stati inutili. Sembra crudele, ma in realtà è un grande esercizio per la vita.
Per me è stato il modo di dimostrare chi sono e di che cosa sono capace, quando mi impegno.

D'ALTRONDE, LA VITA CI METTE CONTINUAMENTE ALLA PROVA.

E POI LA GINNASTICA TI DÀ EMOZIONI INCREDIBILI.

Mi ricordo per esempio l'American Cup 2014, terza tappa della Coppa del Mondo di ginnastica artistica. A causa di un inverno pieno di piccoli infortuni e tante influenze non sono arrivata molto preparata. I primi due attrezzi, volteggio e parallele, erano andati abbastanza bene, mentre la trave mi aveva fregato: ero caduta su un elemento nuovo, la ruota senza mani, pregiudicando la mia posizione in classifica. Mancava solamente il corpo libero, ma le gambe mi facevano male ed ero stanca. Saluto i giudici, mi metto in posizione e già dalle prime note del brano (*Americano* di Lady Gaga) sento tutto il pubblico che inizia a battere le mani a tempo di musica: lo stadio era pieno e tutti tifavano per me e mi incitavano! Mi ha dato una carica incredibile, non solo per portare a termine gli elementi ginnici più difficili, ma anche per sottolineare ogni singolo momento della coreografia.

Dopo due arrivi perfettamente stoppati, mi preparo per l'ultima diagonale ma sono a corto di fiato e ho davvero paura di non farcela.

Volteggio in aria e atterro in modo perfetto, senza nessuna sbavatura. Il pubblico esplode in un boato e io sento un'energia mai provata prima percorrermi il corpo, mentre un sorriso enorme mi si stampa in faccia.

Questo è per me lo sport: un campo in cui dimostri di essere una combattente, di avere e trasmettere carica. Certo, anche a me capitano i giorni in cui penso: "Adesso mollo tutto".

MA LA COSA BELLA È
CHE DOPO UN PO' INVECE
MI SENTO UN LEONE E HO VOGLIA
DI SPACCARE IL MONDO.

Quando ho bisogno di carica, al mattino metto a palla *Suddenly I See* di KT Tunstall e mi sento subito Anne Hathaway nel *Diavolo veste Prada*. Mi faccio un sacco di selfie con il sorrisone e penso che da grande diventerò bellissima e andrò in giro sempre sorridendo. Certe mattine mi immagino avvolta in un abito da sposa, pronta per una vita completamente diversa, una casetta tutta per me e tanti bambini. Almeno tre. Certe altre, mi dico che devo ancora dare il massimo nello sport e mi do come traguardo di sopravvivere brillantemente a un allenamento. Ma la cosa importante, qualunque sia l'obiettivo, è metterci tutta l'energia possibile. Solo così ogni sogno diventa a portata di mano.

PERCHÉ SE CI CREDI DAVVERO,
TUTTO È POSSIBILE.

Playlist

The Script ft. Will.I.Am * *Hall of Fame*
Lady Gaga * *The Edge of Glory*
Macklemore * *Can't Hold Us*
Katy Perry * *Roar Remix*
Pitbull ft. Ke$ha * *Timber*
Jason Derulo ft. 2 Chainz * *Talk Dirty*
Robin Thicke ft. T.I, Pharrel * *Blurred Lines*
Macklemore ft. Wanz * *Thrift Shop*

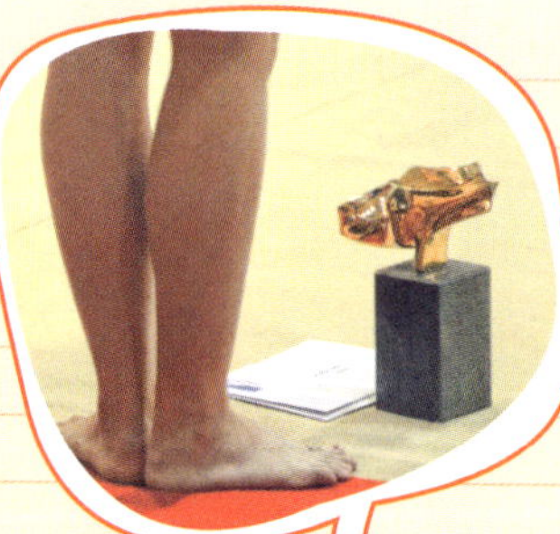

"Ho affrontato le sfide della vita attingendo a un bacino di energia pura: la mia forza interiore. L'ho costruita a dispetto degli sberleffi della vita e grazie ai dolori quotidiani, l'ho scoperta credendo in me e nei miei valori."

Stephen Littleword

Nel mio Diario

...

"Tutti i nostri sogni possono diventare realtà se abbiamo il coraggio di inseguirli."

Walt Disney

"Senza passione non hai energia e senza energia non hai nulla."

Donald Trump

"È veramente bello battersi con determinazione, abbracciare la vita e vivere con passione. Perdere con classe e vincere osando perché il mondo appartiene a chi osa! La vita è troppo bella per essere insignificante."

Anonimo

"La forza sta in chi cade e si rialza. Io sono ancora in piedi, tu chiama l'ambulanza."

Fedez, *Ti vorrei dire*

e nel tuo?

Dieci cose che ho imparato sull'energia

DAL MOTTO OLIMPICO: Lo sapete cosa vuol dire: "*Citius*!, *Altius*!, *Fortius*!"? È latino, significa: "Più veloce! Più in alto! Più forte!".

DA ALIJÀ MUSTÀFINA: Nel 2011 si rompe il legamento del ginocchio durante l'esercizio al volteggio. Nel 2012, alle Olimpiadi, è stata la ginnasta che ha vinto più medaglie. Mai mollare!!

DAI MIEI ALLENATORI: Quando cadi, ti devi rialzare subito! Chi si ferma è perduto.

DALL'ARMADIO: Vestirsi di tanti colori ti fa sentire con una marcia in più.

DAL MITICO SERGUEI OUDALOV: Devi nuotare in mare di m... per raggiungere sabbia d'oro.

DA MIO FRATELLO GIANPAOLO: L'economia mondiale continua a girare anche se io mi fermo mezza giornata.

DALLA DISCOTECA: Ballare fino alle tre di notte mi ricarica le batterie più che otto ore di sonno!

DA UN FAMOSO ALLENATORE DI FOOTBALL AMERICANO: Il dizionario è l'unico posto dove "successo" viene prima di "sudore".

DA PAPÀ: Nel momento in cui vorresti smettere di lottare, ripensa al motivo per cui hai resistito così a lungo.

DALLE PARALLELE: La soddisfazione che provo quando le faccio bene è più o meno pari a quando mi riesce un esercizio di matematica. Mi esplode il cuore!

Dieci cose che mi danno energia

- LA MUSICA
- IL SOLE
- LO SHOPPING
- SVEGLIARMI E LEGGERE I MESSAGGI DEI MIEI 150.000 FOLLOWER
- UNA TELEFONATA CON UN'AMICA
- GLI HAPPY HOUR CON GLI AMICI
- FARE QUALCOSA DI BUONO PER QUALCUNO
- UN ALLENAMENTO ANDATO BENE
- I MESSAGGI DI INCORAGGIAMENTO DI MAMMA E PAPÀ
- VIAGGIARE E CONOSCERE POSTI NUOVI

Ogni mattina ascolta la tua canzone preferita
e balla davanti allo specchio.

Non so se te ne sei accorta,
ma fuori c'è il sole. E dentro di te?

Concediti una piccola pausa dallo studio e vai a guardare le vetrine. Dopo riprenderai con più slancio!

E tu hai mai fatto il conto di quanti amici hai sui social network? Sono più di quanti immagini!

Per raccontare, sfogarsi, ridere, commentare, organizzare, decidere, confidarsi...

Non dimenticare che gli amici sono una delle cose più importanti che hai. Ogni giorno fai capire loro quanto contano per te.

Conosci qualcuno che ha dei problemi? Offrigli il tuo aiuto. Magari è troppo orgoglioso per chiedertelo.

Niente ti fa sentire bene come raggiungere dei risultati. Nello sport o nella scuola, dai sempre il massimo.

Ringraziali ogni giorno per tutto quello che fanno per te. A volte non servono le parole, basta un abbraccio.

Organizza una gita con i tuoi amici il prima possibile.

Paura

Non lasciare mai che la paura di perdere ti impedisca di partecipare.

- DAL FILM *CINDERELLA STORY* -

Non c'è niente di cui aver paura, tranne che della paura stessa.

Quante volte ti sei detta: “Non ce la posso fare, ho troppa paura”. E quante volte invece hai preso il coraggio a due mani, ti sei buttata, e ti sei accorta che quello che ti sembrava un ostacolo insormontabile in realtà era stato ingigantito proprio dalla paura? Per me è così ogni volta che devo affrontare le parallele, le mie nemiche numero uno. Ma ogni volta le guardo dritto in faccia (sì sì, le parallele hanno una faccia) e mi ripeto:

“NON LASCIARE CHE LA PAURA TI IMPEDISCA DI REALIZZARE QUELLO CHE DESIDERI”.

Anche se a qualcuno sembro supercoraggiosa, o addirittura incosciente, non è così. Anche io ho mille paure. La più grande, come si può immaginare, è quella che hanno tutti gli atleti: l’infortunio. Ogni volta che prendo una botta (e succede spesso) mi si affaccia alla mente la stessa frase: “Questa è la fine”. L’ultima è stata alla vigilia delle Olimpiadi di Londra 2012, quando, per una brutta caduta durante il

collegiale dieci giorni prima di partire, il piede mi si è gonfiato come un pallone. Ho telefonato a mia madre e, solo a sentire la sua voce, sono scoppiata a piangere. Pensavo di essermi rotta il piede e di aver mandato all'aria in una frazione di secondo anni e anni di fatica, impegno e sacrifici... e tutti i miei sogni! Quella volta ho avuto una gran botta di fortuna: alla fine è bastato un po' di ghiaccio e di riposo, e il piede si è sgonfiato da solo.

Ma anche se mi sono davvero spaventata, nemmeno per un attimo mi sono pentita di essermi allenata fino all'ultimo. Se non dessi il massimo ogni volta, persino rischiando e mettendomi in gioco, non potrei sperare di raggiungere traguardi importanti.

E IO NON VOGLIO MAI SMETTERE DI CERCARE DI MIGLIORARE!

Perché mettere un limite ai propri sogni? Meglio sognare in grande, no?

Per questo dobbiamo vincere i nostri timori, per evitare che ci paralizzino. La paura può avere mille facce: paura del dolore, paura di sbagliare, di non essere all'altezza, o anche solo paura del giudizio degli altri. Ma il risultato è sempre lo stesso:

SE VIVI NELLA PAURA, NON STAI VIVENDO DAVVERO.

E poi ci sono anche le piccole paure. Per esempio, ve l'ho mai detto che io ho una fifa terribile delle api?
Tutto risale a una vacanza in Trentino con la mia famiglia, molte estati fa. Un giorno, mentre rientravamo a casa dalla nostra consueta passeggiata, qualcuno di noi ha urtato con il piede un alveare, caduto nell'erba. Io sono stata punta per ben due volte sulla testa, mia sorella Ludovica cinque o sei in tutto il corpo. Eravamo nel cuore del bosco, dove nessuno avrebbe potuto aiutarci. L'unica soluzione era farsi forza e proseguire, fino ad arrivare al paese. Perché lo racconto? Perché quel giorno ho imparato che spesso per vincere la paura c'è solo una cosa da fare: stringere i denti e andare avanti.
Le paure peggiori però non riguardano cose reali ma sono quelle che ci costruiamo noi, dentro la nostra testa.
Per esempio, ce n'è una molto pericolosa: la paura di mostrare agli altri il bene che vogliamo loro, magari per paura di un rifiuto.

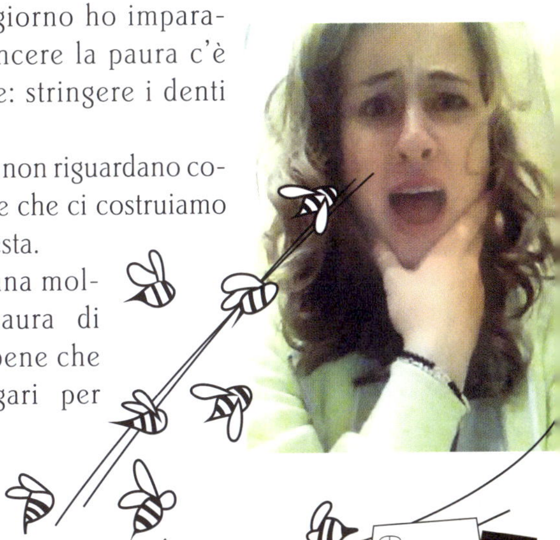

Faccio un esempio: la prima volta che sono stata in discoteca con Teo, lui non si decideva a baciarmi. E allora l'ho baciato io. Se non l'avessi fatto, magari per paura di non piacergli, adesso non saremmo qui a festeggiare tantissimi splendidi momenti insieme. Pensate a cosa mi sarei persa!

MEGLIO AVERE RIMORSI
CHE RIMPIANTI, NO?

Non lasciare mai che la paura ti paralizzi. Per farti forza, prova a pensare a una volta in cui hai avuto coraggio e sei stata premiata. Poi scrivi una lista delle tue paure e affrontale. Parti dalla più piccola, datti una settimana di tempo e superala. A piccoli passi, imparerai a gestire anche quelle più grandi. Anche la paura più terribile, dopo che l'avrai affrontata, perderà tutto il suo potere. E tu sarai sempre più forte.

Playlist

Rihanna * *Man Down*
Fedez ft. J-Ax * *Sembra semplice*
Justin Bieber * *Be Alright*
P!nk * *Try*
Taylor Swift ft. The Civil Wars * *Safe & Sound*
Ligabue * *Niente paura*
Giorgia * *Gocce di memoria*
Justin Bieber * *Die In Your Arms*

"Forse
la paura
di una nuova
delusione
può far sì
che tu non
ti affezioni
alle persone."

Olli Vincent, *L'unica fra tante*

"Paura
di star bene.
Di scegliere
e sbagliare."

Tiziano Ferro, *E fuori è buio*

Nel mio Diario ...

"Viviamo nella paura,
ed è così che non viviamo."

Buddha

"Il coraggio è l'arte di avere paura
senza che gli altri se ne accorgano."

Anonimo

"Soltanto una cosa
rende impossibile un sogno:
la paura di fallire."

Paulo Coelho

"Niente paura,
niente paura.
Niente paura,
ci pensa la vita
mi han detto così."

Ligabue,
Niente paura

e nel tuo?

Dieci cose che ho imparato sulla paura

DAL VOLTEGGIO: Non è l'ostacolo che è alto, sei tu che non sei abbastanza concentrato!

DAL MIO CANE PEPE: In una sfida, mostrare di avere paura è il modo migliore per finire morsicati.

DAL MIO PUBBLICO: Anche nei momenti più difficili, c'è sempre qualcuno che crede in te.

DA PAPÀ: Chi nuota a testa alta vede più cielo, non beve acqua e ha meno probabilità di annegare.

DA UN AMICO: A volte evitiamo di metterci in gioco fino in fondo solo per paura che, se fallissimo, non avremmo più nessuna giustificazione.

DALLA SCUOLA: Il modo migliore per non avere paura dell'interrogazione è farsi trovare preparati.

DALLA NATURA: Sapete perché la paura fa aumentare i battiti del cuore? Perché così arriva più sangue ai muscoli, e possiamo scappare più velocemente. Da quando l'ho scoperto, in gara mi sento con una marcia in più!

DAI FILM DELL'ORRORE: La paura può anche essere divertente.

DAI MIEI PRIMI ALLENATORI: Per vincere la paura, spesso basta avere qualcuno che ci tiene per mano.

DAL TEMPORALE: Non bisogna avere paura dei tuoni, perché quando si sentono il fulmine è già passato!

Dieci cose che non mi fanno più paura

IL BUIO

IL FUTURO

LO SPECCHIO

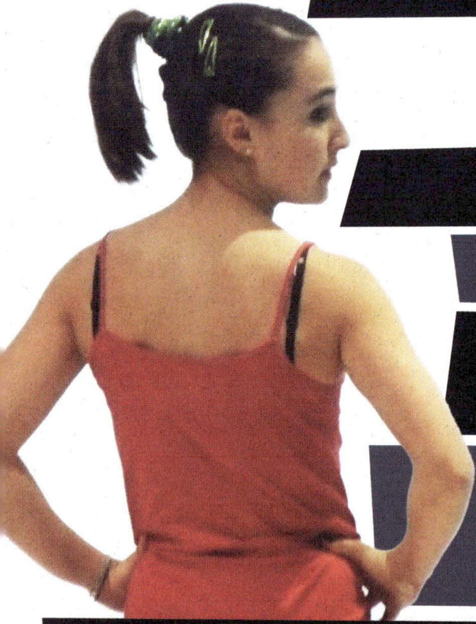

I RAGNI

LE DIFFICOLTÀ

L'AEREO

LA SOLITUDINE

GLI SBAGLI

IL GIUDIZIO DEGLI ALTRI

IL RIFIUTO

Ritagliati qualche minuto per stare da sola, al buio, nella tua stanza: scoprirai che è perfetto per pensare, per rilassarti e per ritrovare le energie!

Pensa a un adulto che stimi, che ti sembra realizzato: non credi che alla tua età avesse le tue stesse paure?

Osservati bene. Invece di concentrarti sulle cose che non ti piacciono del tuo aspetto, focalizzati sui tuoi punti di forza e impara a valorizzarli. Puoi chiedere aiuto a un'amica (sincera).

La prossima volta che ne vedi uno osservalo con attenzione: certo non è carino, ma che male può farti?

Che soddisfazione ci sarebbe a superare solo ostacoli bassi? Pensaci!

Prendi un mappamondo e cerca tutti i posti che non vedresti mai senza prendere l'aereo... Forse vale la pena provarci!

Scrivi su un foglio la lista di persone che ti vogliono bene. Visto quante sono? Non sarai mai sola!

Ripensa all'ultima volta che hai fallito. Focalizzati sui tuoi errori ed esercitati per migliorarti.

Pensa alla critica che più ti ha fatto soffrire: era fondata? Usala come stimolo per migliorarti. Non lo era? Allora non ci pensare neppure per un attimo.

Prendi carta e penna e trova tre motivi per cui è meglio che sia andata così. A pensarci bene te ne verranno in mente anche di più!

Amore

Le persone fanno sempre cose pazze,
quando sono innamorate.

- DAL FILM *HERCULES* -

L'amore è l'unica cosa di cui hai davvero bisogno.

Sono una ragazza fortunata, lo so. Ho due genitori che mi adorano, un fratello e una sorella che mi vogliono un bene incredibile, i miei splendidi fan che ogni giorno mi fanno sentire tutto il loro affetto. E ora ho anche un ragazzo fantastico, che mi coccola e mi vizia. La mia vita è piena di amore!

Però, almeno per quanto riguarda i fidanzati, non è stato sempre così. Prima di conoscere Teo ho avuto anche storie che mi hanno fatto stare male, oppure che mi hanno semplicemente delusa. Che fatica trovare l'anima gemella...

Ma fidatevi, prima o poi arriva. Basta saperla aspettare, senza accontentarsi del primo che capita, ma soprattutto senza farsi mai mettere i piedi in testa da nessuno. Siate voi stesse, sempre. Tanto, per quanto vi sforziate, non potrete mai piacere a tutti. E allora meglio che chi vi vuole vi scelga per come siete, non per come fate finta di essere. Vale anche per l'aspetto fisico:

certo, anche io sto attenta a non ingrassare o a essere carina, ma alla fine la cosa che conta di più quando ci si guarda allo specchio è essere orgogliosi di sé e dei propri risultati, non di un nuovo taglio di capelli... Se imparerete a piacervi per come siete, a essere soddisfatte di voi, anche gli altri vi apprezzeranno di più.

CHI VI AMA NON VI GIUDICA CERTO PER IL VOSTRO ASPETTO.

Io l'ho capito bene qualche mese fa. Avevo messo l'apparecchio per raddrizzare i denti e mi sentivo brutta come non mi era mai successo prima. Teo invece continuava a dirmi che ero bellissima, come se l'apparecchio nemmeno esistesse. E so che era così davvero, che non gli importava di quello stupido affare...

Il mio rapporto con Teo è proprio fantastico. A volte mi chiedo come faccia a indovinare sempre le mosse giuste al momento giusto. Per esempio, l'estate scorsa mi stavo allenando per i Mondiali: avevo solo due o tre giorni di vacanza e non avevo tempo di tornare a casa a Catania. Pazienza, mi ero detta. In fondo mi è capitato tante volte di rinunciare a qualcosa per la mia più grande passione, la ginnastica. Lui mi ha assicurato: «Non preoccuparti, resto io con te». Dopodiché, sapete che cosa ha

fatto? La sera stessa mi ha regalato due biglietti aerei per la Sardegna. Sono le cose così che mi fanno pensare: "Come farei senza di lui?".
Io e Teo non litighiamo quasi mai. In quasi un anno soltanto una volta sul serio (non saprete mai il motivo). Le altre liti sono durate appena cinque minuti. E una volta mi sono persino sbagliata. Ero a casa sua, sul divano, quando lui mi ha chiesto di andare a prendergli del gelato in freezer. Io ho protestato, non avevo voglia di alzarmi. Non poteva prenderselo da solo? Poi ho ceduto, e quando ho aperto il freezer ho trovato un grande pacco regalo. C'erano dentro i pantaloni che volevo un casino ma che non mi decidevo a comprare… Che tesoro!

HO IMPARATO CHE L'AMORE STA ANCHE NELLE COSE SEMPLICI:

io che lo accompagno da McDonald's, rinuncio al mio panino preferito e prendo solo un'insalata perché sono a dieta. Oppure stare rannicchiata tra le sue braccia sotto il piumone in una casa di montagna, davanti a un camino acceso, e fuori tanta neve. O ancora quando lui sorride, e tutto il mondo si ferma.

Prima di conoscerlo avevo sognato una storia così, fatta di complicità e confidenza. Ho sempre creduto al colpo di fulmine e in effetti la scintilla che nasce tra due persone è importante, però... la verità è che nulla nasce perfetto! Ci si innamora giorno dopo giorno, finché ci si conosce sempre meglio, e poi... e poi chi di voi lo ha provato lo sa.
Insomma, sono davvero una ragazza fortunata.
Ma voglio dare un consiglio a chi tra di voi ancora non ha trovato il principe azzurro.
Lo sapete che sono una grande fan di *Elisa di Rivombrosa*, vero?
Nello sceneggiato, il conte Fabrizio Ristori sposa Elisa nonostante sia una serva e nonostante tutta la nobiltà gli si metta contro e gli dica di non farlo. Ma lui se ne frega! Lui ama Elisa, ed è disposto a lottare contro i pregiudizi della società per sposare la donna che ama.

ECCO, PER ME L'AMORE È QUESTO: SEGUIRE QUELLO CHE DICE IL TUO CUORE SENZA ASCOLTARE QUELLO CHE DICONO GLI ALTRI.

Playlist

Rihanna * *You Da One*
Aerosmith * *I Don't Wanna Miss a Thing*
Katy Perry * *Unconditionally*
Nat King Cole * *L-O-V-E*
Ronan Keating * *When You Say Nothing at All*
Bruno Mars * *Just the Way You Are*
Vasco Rossi * *E...*
Raf * *Infinito*
Mario * *Let Me Love You*
Justin Bieber * *Never Let You Go*
Michael Jackson * *You Are Not Alone*
Celine Dion * *Because You Loved Me*
Ne-Yo * *Because of You*

"L'amore può condurci all'inferno o al paradiso, comunque ci porta sempre in qualche luogo."

Paulo Coelho

"Bacio non dato è bacio sprecato. L'amore deve essere assaggiato."

Edmund Vance Cooke

(L'ho letta in un Bacio Perugina!)

Nel mio Diario

...

"L'amore è irrazionale, più ami qualcuno, più perdi il senso delle cose."

Stephenie Meyer

"È opinione generale che ormai viviamo
in un mondo fatto di odio e avidità,
ma io non sono d'accordo...
Quando sono state colpite le Torri Gemelle,
per quanto ne so nessuna delle persone
che stava per morire ha telefonato per parlare di
odio o vendetta. Erano tutti messaggi d'amore.
Io ho la strana sensazione che, se lo cerchi,
scoprirai che l'amore davvero è dappertutto."

Dal film *Love Actually*

"Sempre insieme tu ed io,
senza dirci mai addio.
La mia terra e
il mio cielo sarai."

Dal film
Il re leone 2

"Sai cosa c'è,
ma cosa ci sta,
quando in fondo
ad una storia nessuno sa
come andrà,
tu mi spiazzi ogni volta
che mi guardi."

Zero Assoluto,
Svegliarsi la mattina

"Un giorno dopo l'altro,
una notte dopo l'altra
si stava insieme. Tutto il resto
da tempo l'ho scordato."

Walt Whitman

e nel tuo?

Dieci cose che ho imparato sull'amore

DALLE FAVOLE: Non tutti i principi sono vestiti di azzurro...

DALLA GINNASTICA: Anche l'amore è come una palestra. Bisogna mettercela tutta, se si vuole essere premiate.

DA PAPÀ: C'è un solo uomo importante nella vita (ed è lui).

DALL'APPARECCHIO PER I DENTI: Chi ti ama davvero vede il tuo sorriso, non l'apparecchio.

DA TEO: L'amore sta anche nelle cose semplici. Tipo finirsi un tubo di Pringles insieme a mezzanotte.

DALLA VITA: Non puoi amare davvero nessuno finché non ami te stessa.

DAL FILM *HUNGER GAMES*: Spesso si deve scegliere tra i ragazzi teneri (Peeta) e quelli fighi (Gale). E poi c'è chi non ti obbliga a scegliere (Teo).

DAL MIO VIAGGIO A TOKYO: In Giappone ci sono tre modi per dire "ti amo", ma solo uno significa "desidero trascorrere il resto della mia vita con te". Giusto per essere chiari...

DAL *PICCOLO PRINCIPE*: Si rischia di piangere un po', se si ha avuto il coraggio di affezionarsi a qualcuno...

DALLE PARALLELE: L'amore è così, un doppio salto mortale in cui non sai mai se atterrerai sana e salva.

Dieci cose che amo dell'amore

I LITIGI

LE COCCOLE

LE FARFALLE NELLO STOMACO

LA COMPLICITÀ

LE INCOMPRENSIONI

I PICCOLI REGALI

LE DICHIARAZIONI

I MESSAGGI DELLA BUONANOTTE

DUE PAROLE

Ma solo perché è bello fare pace dopo! Pensa all'ultima volta che avete litigato e a cosa avresti potuto fare in modo diverso.

Un abbraccio al momento giusto è il modo migliore per dire: "Ci sono".

Se le provi ogni volta che lo vedi, ma lui ancora non lo sa, fatti avanti. Non vorrai mica lasciartelo scappare?

Parlagli di tutto. Condividere gioie e difficoltà è il modo migliore per cementare un rapporto.

Sì, anche quelle, perché servono a conoscersi meglio. Quando ti sembra che non ti capisca, spiegagli le tue ragioni. E ascolta le sue!

Non aspettare per forza un'occasione prefissata. Ogni giorno è speciale.

Non aver paura di mostrare ciò che provi e di dire ciò che pensi. Poi ti sentirai meglio.

I piccoli gesti sono importanti. Non lasciare che diventino un'abitudine.

"Ti amo." Diglielo anche quando sembra scontato.

Fastidio

Un fastidio è soltanto un'avventura considerata nel modo sbagliato.

- G.K. CHESTERTON -

Perdere il tram per mezzo secondo è il mio mestiere preferito.

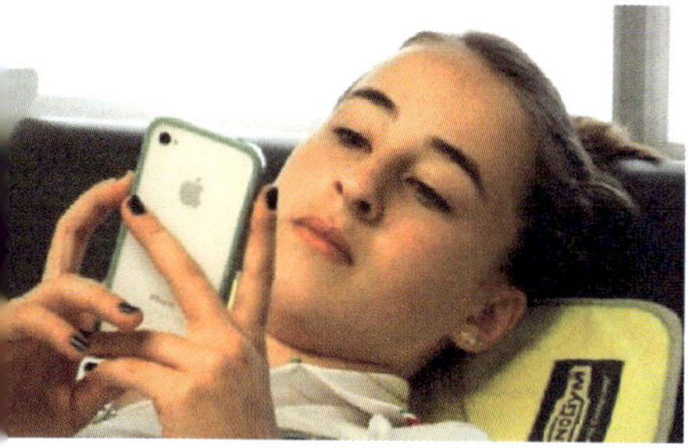

AVETE PRESENTE QUEI GIORNI IN CUI NIENTE SEMBRA ANDARE PER IL VERSO GIUSTO?

Perdi il tram per mezzo secondo, dopo un quarto d'ora riesci a prenderne un altro e ti accorgi che hai dimenticato il cellulare a casa, poi incontri uno di quei tipi che ci provano con le frasi più banali, come: "Ciao bella, *I'm in love with your eyes*", e alla fine arrivi al tuo negozio preferito, trovi un vestito stupendo e non hanno la taglia giusta.
CHE FASTIDIO!
Ci sono un sacco di cose che non sopporto: la ceretta (dovrebbe essere illegale!), il dentista (i primi dieci giorni con l'apparecchio sono una tortura), la noia (fosse per me sarei sempre in movimento). E poi non sopporto quelli che ti pestano i piedi in discoteca, quelli che si ubriacano e poi vanno in giro a fare i fighi, quelli su Instagram che dicono che ho un brutto naso (lo penso anche io, ma che cosa ci posso fare? Me lo stacco, e poi vado in giro senza, come una comparsa del *Pianeta delle scimmie*?).
Un'altra cosa che davvero non tollero è che tocchino le

mie cose senza il mio permesso. Una volta mi sono davvero infuriata, durante un collegiale con la nazionale, nell'estate del 2012. Finito l'allenamento, ero tornata negli spogliatoi. Apro l'armadietto e... sia le mie scarpe sia i miei pantaloni erano spariti! Tragedia! Sono dovuta andare via dalla palestra scalza e con la felpa legata intorno alla vita: ancora oggi non ho idea di chi possa essersi portato via la mia roba.

MA LA COSA CHE MI DÀ PIÙ FASTIDIO IN ASSOLUTO È IL MARTEDÌ.

Tutti gli altri giorni hanno qualche cosa di bello. Il martedì no. (A proposito, qual è il vostro giorno peggiore?) Di solito, infatti, sono più stanca del lunedì, e in più mi tocca andare ad allenarmi a Brescia e questo significa spostare la sveglia dalle 7.40 alle 6.15 e io, a quell'ora, non mi ricordo nemmeno come mi chiamo. Un martedì è successo tutto secondo copione: sveglia presto, poi tram, metro, macchina e, alle 9 in punto, inizia l'allenamento. Quel giorno ad aspettarci c'era un'allenatrice canadese che ci avrebbe spiegato come perfezionare i nostri elementi. Il programma prevedeva di fare, rifare e ancora rifare mille volte gli esercizi finché lei non ci avesse dato la sua approvazione... e questo per noi voleva dire solamente una cosa: morte!

Eppure, quel giorno, il martedì odioso ha preso una piega imprevista. Abbiamo iniziato dal volteggio. Ero convinta di non farcela neanche a correre, visto che venivo da tre giorni di febbre, e invece stranamente le mie gambe non hanno ceduto. Poi ci siamo spostati alla trave... ed è stato lì che la giornata ha svoltato!
L'allenatrice canadese ci ha spiegato esattamente tutte le varie fasi di un elemento e poi ci ha "sfidato" a fare tre flick consecutivi, convinta che nessuna di noi sarebbe riuscita a farli.

A ME LE SFIDE PIACCIONO TANTISSIMO.

Quando è arrivato il mio turno mi sono concentrata al massimo, braccia sopra la testa, addominali contratti, sguardo fisso sulla trave e via! Uno, due, tre... PAM, atterraggio perfet-

to. L'allenatrice esclama, raggiante: "*Good job*!" e subito mi chiede di rifare l'esercizio per filmarmi con il cellulare. In quel momento tutta la noia è scomparsa e mi sono sentita una potenza.

Finito l'allenamento ero soddisfattissima anche se era pur sempre ancora martedì, e mi aspettavano le solite lunghe traversate in metro e tram e poi altre tre ore di allenamento a Milano. Proprio in quel momento mi è arrivata la notizia migliore di tutte. Dal momento che il lavoro del mattino era andato così bene, mi ero guadagnata la libertà per il resto della giornata. Così sono tornata a casa e ho passato un pomeriggio di sano relax tra manicure, tv e letto.

VEDETE CHE ANCHE LE COSE PIÙ INSOPPORTABILI POSSONO TRASFORMARSI IN UN TRIONFO?

Playlist

Luca Carboni * *Malinconia*
Bruno Mars * *The Lazy Song*
Justin Bieber ft. Jaden Smith * *Never Say Never*
Maroon 5 * *One More Night*
Rihanna * *California King Bed*
Shakira ft. Rihanna * *Can't Remember to Forget You*

"Ho imparato che puoi capire molto di una persona dal modo in cui gestisce queste tre cose: le giornate di pioggia, un bagaglio smarrito e le luci di Natale ingarbugliate."

Maya Angelou

Nel mio Diario

...

"Non sopporto quelli che si fidano di sé, quelli che son sempre pronti sì, poi quando li cerchi, non sono lì."

Vasco Rossi, *Non sopporto*

"Se non vuoi avere dispiaceri tratta le catastrofi come fastidi, ma non trattare mai i fastidi come catastrofi."

André Maurois

"Bisogna imparare a sopportare quello che non si può evitare."

Montaigne

"È nei contrattempi, soprattutto, che conosciamo tutte le nostre risorse, per poter far uso di loro."

Orazio

"Bisogna sempre perdonare i propri nemici. Niente li infastidisce di più."

Oscar Wilde

e nel tuo?

Dieci cose che ho imparato sul fastidio

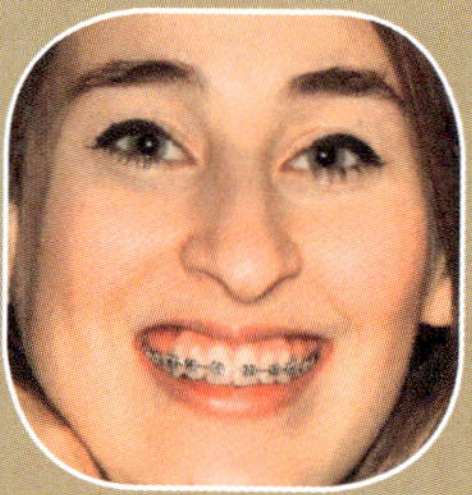

DALLA LEGGE DI MURPHY: Dice che se qualcosa può andare male lo farà. E io rispondo: basta prenderla con un sorriso.

DAL JET LAG: Se sono riuscita a prendere due aerei, dormire quattro ore in due notti e andare a fare allenamento, tutto il resto è un gioco da ragazzi!

DAL MAL DI GOLA: Io non lo sopporto. Ma quando sto male ho diritto a un sacco di coccole. :)

DALLE FOTO RUBATE: Odio quando me le fanno di nascosto. Poi però magari ne scovo qualcuna in cui sono venuta davvero bene...

DA UN MIO AMICO: Per consolarmi del fatto che ci sono un sacco di miei profili falsi sui social mi ha detto: "La Gioconda di Leonardo ha 37.383 copie in giro per il mondo, ma l'originale resta sempre e solo una".

DAI MIEI FAN: Una parola gentile conquista il mondo, una cattiva o poco educata chiude centomila porte.

DALLE CARAMELLE FRUITTELLA: Io adoro quelle rosa e quelle arancio. E invece nel pacchetto che compro io sono sempre regolarmente gialle! :(

DAL WEEKEND: Dura solo quarantotto ore. Non è giusto!

DALL'APPARECCHIO PER I DENTI: Non tutti i fastidi vengono per nuocere.

DAI MUSCOLI: Sulle braccia di una donna, non mi piacciono per niente. Eppure, anche se mi danno fastidio, mi hanno portato alle Olimpiadi...

Dieci cose che mi danno fastidio

I MIEI CAPELLI

LE VERDURE BOLLITE

LA VALIGIA TROPPO PICCOLA

LA PIOGGIA CHE DURA PIÙ DI 24 ORE

PERDERE L'AUTOBUS

LA BATTERIA DELL'IPHONE SCARICA

GLI IMPREVISTI

LA TENDINITE

IL SINGHIOZZO

GLI ALLENAMENTI DI DOMENICA

Ci sono giorni in cui fanno quello che vogliono. Inutile incaponirsi: tira su tutto in una coda di cavallo, sorridi ed esci di casa.

È giusto mangiar bene, ma tutte le regole sono fatte per avere delle eccezioni... MAI DIRE NO ALLA NUTELLA!

Compiti Per TE!

Porta con te solo l'indispensabile. Avrai un'ottima scusa per fare shopping a destinazione!

Non c'è niente da fare. Chiama un'amica e chiudetevi in casa a chiacchierare. In due è molto più sopportabile.

Se quello dopo non arriva mai, fai come me: comincia a piedi e aspettalo alla fermata successiva. Così non congeli... e ti tieni in forma!

Ogni tanto prova a tenere spento il cellulare per un po'... anche non essere rintracciabile può essere bello!

Sfoga le energie negative facendo cose utili: mettere a posto la stanza, sistemare l'armadio, lavare i piatti. Non solo è liberatorio, ma farai anche un figurone con tua madre...

Prima di una prova importante, preparati il meglio possibile. Se poi un imprevisto si mette di mezzo, non avrai niente da rimproverarti.

Io ho una tecnica infallibile per farlo andare via: deglutire tre volte senza respirare. Peccato che non funzioni anche con i rompiscatole...

Se proprio non puoi evitare una scocciatura, dopo regalati qualcosa di bello. Domenica sera *Un medico in famiglia* non me lo toglie nessuno!

Felicità

La felicità è fatta di piccoli
piaceri quotidiani, piuttosto
che di grandi momenti di fortuna.

- BENJAMIN FRANKLIN -

Ogni volta che mi guardo il braccio vedo una semplice parola: *Happiness*.

Se vi chiedessero a bruciapelo cos'è la felicità, voi cosa rispondereste? Per me, la prima immagine che si forma nella mente è uno stadio pieno, io sul gradino più alto del podio, una medaglia d'oro al collo, l'inno nazionale a tutto volume, l'applauso del pubblico e le facce della mia famiglia e di Teo che mi sorridono dalla tribuna... Praticamente perfetto, ho i brividi al solo pensiero!
Certo, momenti così sono un sogno, l'estasi completa.

NELLA MIA VITA CI SONO TANTI MOTIVI DI GRANDE FELICITÀ.

La ginnastica mi ha dato soddisfazioni enormi e mi rende ogni giorno fiera di quello che faccio. La mia famiglia mi è sempre stata accanto: ha avuto il coraggio di lasciarmi andare, la costanza di starmi vicino, la capacità di farmi sentire sempre amata e sostenuta. E poi è arrivato anche Teo. Ma le grandi cose che mi rendono felice le conoscete già, quindi vi voglio raccontare quelle piccole.

Perché, a pensarci bene, la felicità sta anche (forse soprattutto) nelle piccole cose quotidiane, nei piccoli piaceri di ogni giorno, nei tanti minuscoli gesti che di sicuro non passeranno alla storia, ma che anche solo per un breve attimo ci regalano un istante perfetto.

Ricordo un episodio, agli inizi della mia carriera sportiva. Ero lontana da casa, durante una gara. Avevo freddo e mio padre via SMS mi ha mandato un ottimo suggerimento: "Prova un cappuccino con tanta schiuma". Di quel giorno non saprei dire se sono stata brava sulla trave, se ho strappato degli applausi, se mi hanno fatto i complimenti. Mi ricordo solo la sensazione di soffice morbidezza, il gusto di quel primo assaggio, il calduccio della tazza. Da allora il cappuccino è la mia "coccola" preferita e per non rovinare la schiuma non ci inzuppo mai nulla!

COME QUELLO, CI SONO ALTRI MILLE MOMENTI DI GIOIA. ECCO LA MIA PERSONALE LISTA.

Addormentarsi tra le lenzuola che hanno ancora l'odore di bucato. Restare sdraiata a letto ad ascoltare la pioggia. Il sapore del sale sulle labbra dopo un bagno in

mare. Trovare venti euro nella giacca dello scorso inverno. Spegnere la sveglia, girarsi dall'altra parte e continuare a dormire. Fare un bel sogno. Restare a parlare di tutto e di niente fino alle due del mattino con una persona speciale. Finirsi un'intera confezione di Digestive (anzi no, mangiarseli a poco a poco per paura di stufarsi!). Il sorriso di uno sconosciuto. Guardare *Geordie Shore* e ridere alle lacrime. Correre a piedi nudi nell'erba. Vedere un bel film al cinema, in compagnia di mia sorella Ludovica, Teo e un bidone gigante di popcorn. Guardare un tramonto. Il solletico di una coccinella che ti cammina sul braccio. I viaggi in macchina con gli amici. Una bella doccia dopo un allenamento intenso. Il profumo dei pancake caldi preparati da Ludovica. Un pomeriggio di chiacchiere da Starbucks. Ascoltare una canzone che ti fa viaggiare nel passato. Mangiare il gelato direttamente dalla vaschetta.

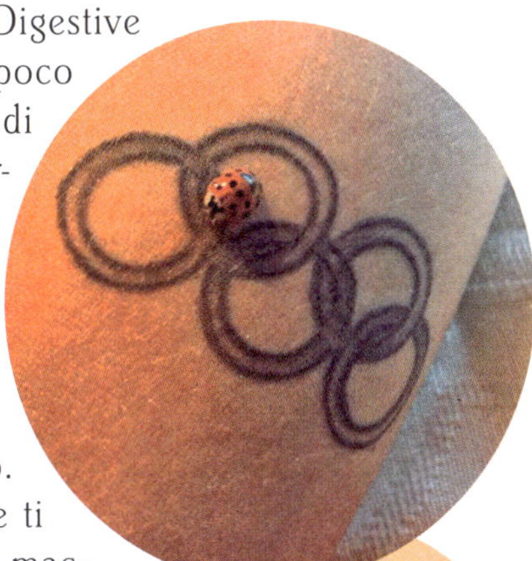

Il rumore delle cicale, d'estate. Lo squillo del cellulare quando aspetti una telefonata. Comprare in supersconto un vestito costosissimo ai saldi. Ridere senza motivo e non riuscire a smettere. Il vento tra i capelli su un promontorio a picco sul mare. Il sole che scalda la pelle dopo un tuffo nell'acqua gelata. L'odore della primavera, quando arriva.

MI PIACEREBBE AVERE DELLE FOTO DI QUESTI ISTANTI PERFETTI. A ME FANNO PENSARE ALLE LUCCIOLE: PICCOLI PUNTINI LUMINOSI CHE TUTTI INSIEME POSSONO FAR RISPLENDERE LA NOTTE.

Playlist

Robbie Williams * *Candy*
Pharrell Williams * *Happy*
KT Tunstall * *Suddenly I See*
Pop Danthology 2013
Will.I.Am ft. Justin Bieber * *That Power*
Avicii * *Wake Me Up*
LMFAO * *I'm Sexy and I Know It*

"Ora so che se deciderò ancora di andare in cerca della felicità, non dovrò cercarla oltre i confini del mio giardino, perché se non la trovo là non la troverò mai da nessun'altra parte."

Dal film *Il mago di Oz*

Nel mio Diario ...

"La gioia non è nelle cose, ma in noi stessi."

Richard Wagner

"Uno dei grandi piaceri sta nel fare quello che la gente dice che non riuscirai a fare."

Walter Bagehot

"La felicità non è fare tutto ciò che si vuole, ma volere tutto ciò che si fa."

Friedrich Nietzsche

"Cercare la felicità in questa vita: ecco il vero spirito di rivolta."

Henrik Ibsen

"Non c'è dovere che sottovalutiamo tanto quanto quello di essere felici."

Robert Louis Stevenson

e nel tuo?

Dieci cose che ho imparato sulla felicità

DALLA FEBBRE: Dopo tre giorni a letto con il mal di gola e senza mangiare, felicità è una bella doccia calda, indossare l'accappatoio profumato e sentirsi finalmente una persona nuova.

DAL LIBRO DI SCIENZE: Fare qualcosa di buono per gli altri fa produrre al nostro corpo endorfine, sostanze che provocano piacere. Altro che le droghe!

DA MIA SORELLA LUDOVICA: Non importa quanti vestiti hai, quando devi uscire non saprai mai cosa metterti. Quindi indossa la prima cosa che trovi, sorridi, e non preoccuparti. Tutti guarderanno solo il tuo sorriso.

DAL MIO CANE PEPE: Bisogna sempre vedere la ciotola mezza piena anziché mezza vuota.

DALLA TRAVE: Anche la felicità è una questione di equilibrio...

DALLE MIE FAN: Felicità è essere a un concerto degli One Direction e trovarsi in mezzo a centinaia di ragazze che urlano: "Anche tu qui?!". Wow!

DAL MIO NASO: Ci sono dei profumi che mi rendono felice. Così, senza un motivo.

DA UNA CANZONE DI VASCO ROSSI: La felicità, anche se l'hai persa ieri, oggi puoi ritrovarla già.

DAL MIO PROF DI STORIA: La felicità è un diritto stabilito da molte costituzioni. Lo sapevate?

DA TEO: La felicità si assapora meglio in due.

Dieci segreti per essere felice

I PICCOLI VIZI

IL BUON UMORE

IL PENSIERO POSITIVO

L'OTTIMISMO

L'ENTUSIASMO

VIVERE L'ATTIMO

LA PASSIONE

LA CONSAPEVOLEZZA

LA LEGGEREZZA

LA GENEROSITÀ

Compiti Per TE!

Concediti un piccolo premio ogni giorno. Devi volerti bene.

Quando hai qualche pensiero per la testa, datti un po' di tempo in cui pensi solo a quello. Poi immagina di mettere quel pensiero in un cassetto e di buttare via la chiave...

Ogni sera, prima di andare a letto, concentrati su tre cose belle che ti sono successe.

Poi pensa a tre cose belle che potrebbero succederti il giorno dopo.

Crederci, sempre. Mollare, mai.

Scrivi un elenco dei tuoi piccoli piaceri. Ogni volta che te ne capita uno, non dimenticarti di essere felice. ;)

Se la metti in tutto quello che fai, anche di fronte a un risultato deludente, sarai comunque soddisfatta di te stessa.

Ci sono cose che puoi cambiare, altre no. Lotta per le prime e accetta le seconde.

Impara a ridere anche dei problemi. Pensa a qualcosa che ti preoccupa e trova un lato divertente.

Fare una cosa per gli altri ci rende felici. La prossima volta che stai per comprarti l'ennesima maglietta, spendi quei soldi per un regalo alla tua migliore amica!

Tristezza

Hakuna matata.
Significa: non ci pensare...
Senza pensieri la tua vita sarà,
chi vorrà vivrà in libertà.

- DAL FILM *IL RE LEONE* -

Qualsiasi problema tu abbia c'è sempre una soluzione, intanto circondati di chi ti vuol bene.

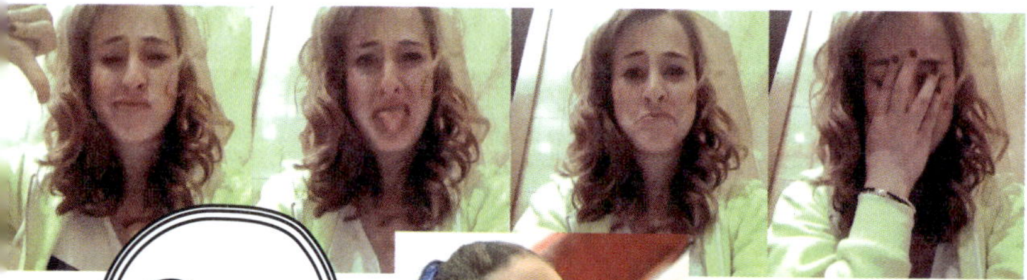

Ci sono giorni in cui non ho voglia di parlare con nessuno, voglio stare da sola, sotto il piumone, con la musica nelle orecchie, sperando di addormentarmi al più presto. Saranno capitati anche a voi questi momenti: ti senti triste e a volte non sai neanche perché. Oppure lo sai benissimo. A me per esempio succede quando non riesco a raggiungere un obiettivo (un buon risultato in una gara o un buon voto scolastico). O peggio ancora quando non viene riconosciuto il mio merito: per esempio ai Mondiali di Anversa del 2013, dove mi è sfuggita la medaglia alla trave per un soffio. Mezzo decimo, accidenti. Ho fatto un esercizio pulito e senza gravi errori e mi aspettavo qualcosa di più dal punteggio. E invece sono arrivata quinta. Certo, è un ottimo risultato, erano pur sempre i campionati mondiali. Ma per me è stata una sconfitta.

FORSE CHIEDO TROPPO A ME STESSA, MA IN QUESTI CASI QUELLO CHE MI FA MALE È PENSARE DI NON ESSERE ALL'ALTEZZA DELLE ASPETTATIVE DI CHI MI STA INTORNO, DI DELUDERE CHI CREDE IN ME.

In realtà so benissimo che le persone che mi stanno accanto mi vogliono bene per come sono, non per i risultati che ottengo. E anche se mi spronano sempre a lottare per fare del mio meglio, non smetteranno certo di amarmi se qualcosa andrà storto. Eppure, in casi come questo, è difficile non farsi prendere dalla tristezza.

COSÌ COME ODIO DELUDERE LE PERSONE, LA COSA CHE MI RENDE PIÙ TRISTE È ESSERE DELUSA DA QUALCUNO DI CUI MI FIDO.

Vi è mai capitato di essere tradite? A me sì, e non parlo di tradimento d'amore, ma di persone che dicono di esservi amiche e poi parlano alle vostre spalle. A me è successo e mi ha sempre ferito moltissimo. In quei momenti tutto mi sembra nero… Possono durare attimi oppure giorni, quarti d'ora o interi pomeriggi. In questi casi mi rifugio nel luogo più rassicurante che ci sia: la mia casetta nuova, a Milano, dove vivo con i miei fratelli. Quello è il posto dove mi sento più protetta.

A volte è utile lasciarsi andare alla tristezza. Ci aiuta a riflettere su quello che ci è successo, e magari ad accettarlo. Anche le cose peggiori hanno qualcosa da insegnarci per il futuro. Però persino nei momenti più bui non bisogna mai perdere completamente la speranza, perché ci sono così tante cose belle di cui essere felici!

A me basta una telefonata dei miei genitori, su cui so di poter sempre contare. Certe volte mi fermo a guardare i milioni di fotografie che ci siamo fatti insieme, e mi ritrovo a sorridere. E anche leggere tutti i messaggi che mi arrivano su Facebook o Twitter è perfetto per tirarmi su il morale. Mi ricorda che ci sono tante persone che tengono a me, che non vogliono che io sia triste. Mi aiuta tantissimo. E poi, quando sono giù per qualcosa che è successo, ne parlo con le persone a me più vicine – la mia famiglia o Matteo – per chiedere un consiglio o magari solo per sfogarmi.

Ci sono anche dei piccoli trucchi per non farsi prendere dalla tristezza e tornare a sorridere: io cerco di distrarmi guardando un film, mi dipingo le unghie di tutti i colori, oppure... addento un bel trancio di pizza! Cosa c'è di più bello che mangiare qualcosa di buono, magari insieme a una persona che ami?

Ultima cosa, importantissima:

SE VEDETE QUALCUNO TRISTE, DIMOSTRATEGLI CHE CI SIETE.

A volte basta sapere che siete lì, che lo ascoltate, che gli siete vicino. Altre volte potete portargli un aiuto vero.

Qualche tempo fa nella mia palestra sono venute ad allenarsi le nuove bambine. Avranno avuto otto, dieci anni. Le vedevo provare e riprovare elementi che io ho fatto milioni di volte nella mia vita. Quando non riuscivano a portarli a termine, non potevo fare a meno di notare il loro viso triste. Mi ricordavano me stessa da piccola, a Catania, quando avevo gli stessi problemi. Io so bene cosa vuol dire sentirsi uno schifo quando un elemento della ginnastica non ti riesce come vorresti.

Così mi sono avvicinata a una bimba che aveva problemi a fare le granvolte alle parallele, le ho spiegato la tecnica e, dopo due o tre tentativi, l'ho vista volteggiare senza difficoltà. Mi sono ritrovata a sorridere insieme a lei ed è stato bellissimo. Ripensare a quell'episodio, a come la mia esperienza è stata utile a qualcuno, mi ha aiutato anche a superare i momenti bui che ho avuto in seguito.

Quindi, ecco un compito per la prossima volta che siete tristi: ascoltate la tristezza e trasformatela in qualcosa di positivo, per voi e per gli altri!

Playlist

Tiziano Ferro * *Sere nere*
3 Doors Down * *Here Without You*
Ludovico Einaudi * *I giorni*
Jeff Buckley * *Hallelujah*
Keane * *Somewhere Only We Know*
Yiruma * *Kiss the Rain*
Miley Cyrus * *When I Look at You*

"Puoi dimenticare la persona con cui hai riso,
mai quella con la quale hai pianto."

Kahlil Gibran

Nel mio Diario ...

"Ma si sveglierà
il tuo cuore, in un
giorno d'estate
rovente in cui sole
sarà, e cambierai
la tristezza dei pianti
in sorrisi lucenti,
tu sorriderai."

Modà,
Arriverà

"Sorridi anche se il tuo sorriso è triste, perché più triste di un sorriso triste c'è la tristezza di non saper sorridere."

Jim Morrison

"Quando la vita ti dà mille ragioni per piangere, dimostra che hai mille e una ragione per sorridere."

Anonimo

"Nonostante il mondo sia pieno di sofferenza, esso è tuttavia pieno della possibilità di vincere la sofferenza."

Helen Keller

E nel tuo?

Dieci cose che ho imparato sulla tristezza

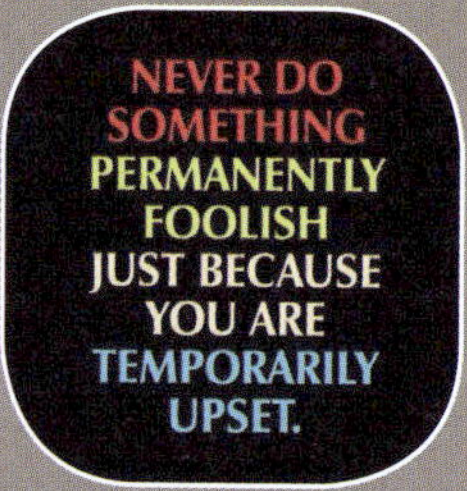

DA MIA SORELLA LUDOVICA: Anche quando il cielo è coperto, il sole non è scomparso. È ancora lì, dall'altra parte delle nuvole.

DA TEO: Un abbraccio in un momento di tristezza vale più di un bacio in un momento di felicità.

DAI MIEI FAN: Una persona sola che ti sostiene vale più di mille che ti criticano.

DALLA TRAVE: Camminare a testa bassa non è mai il modo giusto per ottenere un grande punteggio nella vita.

DAI MIEI ALLENATORI: Mai farsi abbattere da una sconfitta. L'atleta che non sa perdere non è un vero atleta.

DAL MIO BARISTA DI FIDUCIA: Non c'è nessun problema che un cappuccino con tanta schiuma non possa risolvere.

DA UNA BRUTTA ESPERIENZA: Non fidarti di una persona che ti ha ferito in precedenza. Se lo ha fatto una volta, vuol dire che potrebbe rifarlo.

DA UNA FOTO PUBBLICATA SU INSTAGRAM: Non fare niente che sia stupido in modo permanente a causa di un solo attimo di tristezza.

DAL MARE DI CATANIA: Quando ti sembra di andare a fondo, basta un piccolo gesto per cominciare a risalire.

DAL TEMPORALE: Senza la pioggia, non si apprezzerebbero le giornate di sole.

Dieci cose che mi rendono triste

- L'AUTUNNO
- I TITOLI DI CODA
- IL BULLISMO
- LITIGARE CON UN AMICO
- NON ESSERE CAPITA
- L'ULTIMO GIORNO DI VACANZA
- DELUDERE QUALCUNO
- SVEGLIARSI DA UN BEL SOGNO
- ABITARE LONTANO DA UN'AMICA
- LA DIETA

Per vincere la tristezza, raccogli tante foglie colorate e facci un bel collage!

Scrivi i tuoi dieci film preferiti e, quando ti senti giù, guardane uno.

Non puoi cambiare il mondo, ma forse puoi aiutare qualcuno vicino a te. A volte basta un sorriso per rallegrare una giornata buia.

Quando capita, impara a discuterne con calma, senza dire cose di cui ti potresti pentire dopo.

È colpa degli altri, o forse il muro di silenzio dietro cui ti sei nascosta ha fatto la sua parte?

Scatta tante foto, potrai stampare la migliore e impostarla come salvaschermo. Così ti sentirai sempre in vacanza!

Chiediti come mai è successo. Avresti potuto evitarlo? Se la risposta è sì, fai in modo che la prossima volta non capiti.

Imposta la sveglia su una canzone che ti mette allegria e vedrai che la mattina inizierà nel modo migliore.

Telefonale per il suo compleanno, anche se non la senti da tanto, le farai sicuramente piacere.

Se anche vuoi perdere un paio di chili, qualche piccolo vizio non fa troppi danni alla linea e... fa bene all'umore!

Sorpresa

Colui che non lascia niente al caso
raramente farà cose in modo sbagliato,
ma farà molte poche cose.

- GEORGE SAVILE -

Una sorpresa al giorno... toglie il medico di torno!

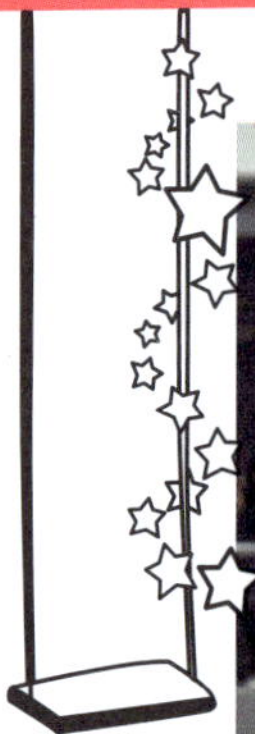

Avete mai visto il film *L'attimo fuggente*?
A me è rimasta impressa una scena, quella in cui il professore del college in cui è ambientata la storia sale in piedi sulla cattedra e poi chiede ai suoi studenti perché, secondo loro, lo ha fatto. Risposta?

PER RICORDARSI DI GUARDARE IL MONDO DA UN'ANGOLAZIONE SEMPRE NUOVA.

E voi ci avete mai provato?
È il modo migliore per continuare a stupirsi delle cose belle che vi succedono intorno, per non dare mai niente per scontato, per godervi ogni piccola gioia o grande soddisfazione.
Io mi ricordo ancora quando per la prima volta ho guardato il mondo dall'alto di una trave: mi sono sentita un gigante, anche se in realtà ero solo una nanetta! Ma mi ricordo anche di quando per la prima volta ho visto il mondo dal fondo della buca (avete presente quella "vasca" piena di gommapiuma che sta sotto le parallele e che serve a non

uccidersi quando si cade?): ho capito che cadere non significa fallire e che quello che conta è tirarsi subito in piedi, magari grazie a qualcuno che vi tende la mano.

SARÀ BANALE, MA PER ME LE SORPRESE PIÙ BELLE SONO DA SEMPRE LEGATE ALLA GINNASTICA:

la prima volta che ho visto un palazzetto pieno, la prima volta che ho visto uno striscione con il mio nome tra il pubblico, la prima volta che ho sentito gridare: "Gamba, Carlo!".

A volte mi sorprendo persino da sola: fino a pochissimo tempo fa avevo sempre pensato che non sarei mai diventata un'allenatrice, non so per quale motivo (forse per via del mio carattere, diciamo che la pazienza non è il mio forte!). Recentemente, invece, guardando le piccole ginnaste che vengono ad allenarsi nella mia stessa palestra, ho provato a immaginarmi la scena e mi sono ritrovata a fantasticare che in futuro, magari tra qualche anno, non sarebbe affatto male aiutare qualche bambina a realizzare il proprio sogno. Questa sì che è stata una sorpresa! Mai restare ancorati alle proprie certezze...

Le sorprese possono essere di tanti

tipi, e spesso arrivano da dove e da chi meno te le aspetti. Ci sono gli incontri imprevisti. Tempo fa, durante un viaggio noiosissimo in treno, ho conosciuto un ragazzo. "Sei Carlotta?" mi ha chiesto dopo avermi letteralmente "stanato" nonostante il cappuccio della felpa e gli occhiali da sole... Abbiamo chiacchierato un po' e al momento di salutarci mi ha detto: "Sai, sono contento di averti conosciuta. In tv sembri antipatica, ma evidentemente dalla tv non si capisce proprio nulla del carattere delle persone...". Dopo un incontro così, si dimentica tutta la fatica e la stanchezza, e si va a dormire più felici!

MA A SORPRENDERMI SIETE SEMPRE VOI, I CARLITERS. CON I VOSTRI PENSIERI E I VOSTRI SCRITTI...

Spulciando su Facebook o su Twitter (uno dei miei passatempi preferiti quando non studio, non mi alleno o non dormo) mi capita spesso di imbat-

termi nelle cose che scrivete, e di restarne colpita. L'altro giorno, per esempio, ho trovato una specie di "decalogo" e mi è piaciuto molto, perché è semplice ed efficace.
Diceva così: "Credi in te stesso, stai sveglio tutta la notte, esci dalle tue abitudini, impara tutto quello che puoi, guarda tutto da un altro punto di vista e non solo dal tuo, trova ispirazione ovunque, chiedi aiuto se ti serve, giudica la realtà con i tuoi mezzi, chiedi sempre spiegazioni sulle cose che non capisci, controlla, fatti venire nuove idee, ricorda che il problema contiene sempre anche la soluzione e che devi sempre pensare a tutte le possibilità che hai di risolverlo…".
Condivido quasi tutto! A parte lo stare svegli tutta la notte, naturalmente (gli sportivi devono andare a letto presto, perché per gli allenamenti bisogna essere riposati. Ci avete mai pensato? Se si potesse dormire fino a mezzogiorno, saremmo tutti più felici).
Ma questo decalogo me lo sono scritto e voglio vivere sempre così, tenendomi aperta a tutte le cose nuove e godendomi ogni piccola e grande sorpresa. Un consiglio? Fatelo anche voi!

Playlist

One Direction * *What Makes You Beautiful*
Justin Bieber ft. Ludacris * *Baby*
Katy Perry * *Last Friday Night*
Lady Gaga * *Poker Face*
One Direction * *Story of My Life*
Taylor Swift * *You Belong with Me*
Katy Perry * *Fireworks*

"Il solo vero viaggio, il solo vero bisogno di giovinezza, non sarebbe quello di andare verso nuovi paesaggi, ma di avere occhi diversi."

Marcel Proust

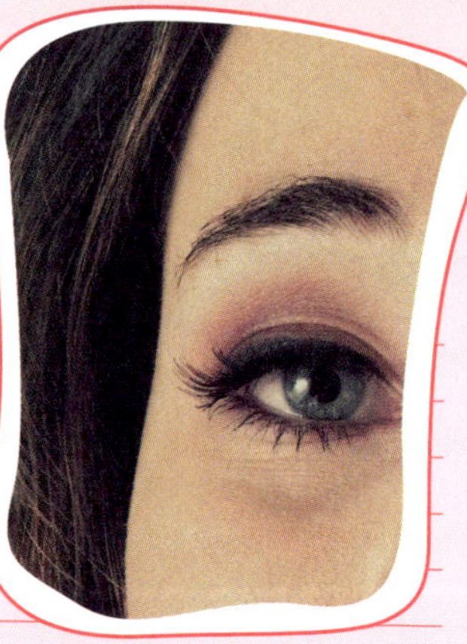

Nel mio Diario ...

"Se tutti noi facessimo le cose che siamo realmente capaci di fare, stupiremmo noi stessi."

Thomas Edison

"Chi non è più in grado di provare né stupore né sorpresa è per così dire morto; i suoi occhi sono spenti."

Albert Einstein

"Meglio essere sottovalutati e poi stupire, che essere sopravvalutati e poi deludere."

Anonimo

"'Ciò che abbellisce il deserto', disse il piccolo principe 'è che da qualche parte nasconde un pozzo in qualche luogo...'"

Antoine de Saint-Exupéry, *Il piccolo principe*

e nel tuo?

Le dieci sorprese più belle

Carlotta Ferlito @Car

Dopo l'in bocca al lupo di Del Piero mi sento così potente da poter spaccare il mondo

Ritwittato da Carlotta Ferlito

Alessandro Del Piero

In bocca al lupo

DALLA TRAVE: Finire l'esercizio, tenere il fiato sospeso e sentire il silenzio per una frazione di secondo. E poi, fortissimo, l'applauso.

DA MILANO: Svegliarmi la mattina e vedere che c'è il sole dopo dieci giorni di pioggia e di cieli grigi.

DALLA BILANCIA: Mangiare una crêpe con la Nutella, il giorno dopo pesarsi e scoprire di essere dimagrita!

DAI MIEI FAN: Arrivare in palestra e trovare un pacchetto regalo nello spogliatoio. *Welcome*!

DA TEO: Scoprire il gusto di qualche cosa di nuovo che non avevo mai assaggiato prima.

DALLA MAMMA: Ascoltare un brano di musica classica che mi piace e poi ritrovarlo nel suo iPod.

DA PAPÀ: Quando ero piccola, partire all'improvviso per andare in vacanza, in montagna o al mare.

DALL'ARMADIO: Ritrovare un vecchio maglione che mi piaceva un casino e che credevo di avere buttato.

DAL MIO ALLENATORE PAOLO: Un sorriso inaspettato, quando è molto arrabbiato.

DA ALESSANDRO DEL PIERO (È IL MIO MITO!): Ricevere un suo tweet!!!

Dieci cose che mi sorprendono sempre

- I SOGNI
- I COLORI
- L'INVIDIA
- IL GELATO
- LE LACRIME
- LA GENTILEZZA
- LA MIA CASA
- LE SECONDE POSSIBILITÀ
- TEO
- IO

Inventati un sogno nuovo ogni giorno.
Non ti sembra incredibile? Sognare è gratis!

Se sei di umore nero fai come me: mettiti un vestito coloratissimo. Vedrai che anche la giornata cambia colore.

Mi stupisce (e mi intristisce) vedere qualcuno geloso dei successi altrui. Non cadere anche tu in questo brutto sentimento. Se un successo è meritato, tutti ne devono essere felici!

Non finirò mai di stupirmi: ma quanto è buono?!?
Non c'è niente di meglio di un bel gelato per tirarti su il morale.

Impara a non vergognarti delle lacrime. Non c'è niente di male a mostrare le tue emozioni.

Che bello quando qualcuno ti tiene la porta aperta, si offre di portarti la valigia, ti sorride in metropolitana. Stupisci anche tu con una piccola gentilezza!

Quando torno a Catania mi sembra sempre di tornare bambina. Ogni tanto è bello fare come le lumache, e godersi il calore del guscio.

Proprio quando smetti di sperarci, a volte le cose succedono. Pensa a tutte le sorprese che il destino può avere in serbo per te!

Lui mi stupisce ogni giorno!
Trova il tuo Teo, e se non ti stupisce e non ti fa battere il cuore a mille... cercane un altro!

Spesso mi stupisco quando riesco bene in qualcosa, quando reagisco meglio di quanto immaginassi. E tu, non vuoi provare a sorprenderti?

Italia

Amicizia

Il mio miglior amico è colui
che sa tirare fuori il meglio di me.

- HENRY FORD -

Per avere dei buoni amici bisogna anche cercare di esserlo, mi raccomando!

Se qualcuno è davvero tuo amico, lo sarà per sempre. Ne ho la prova. Quando ero bambina avevo una migliore amica, Francesca. Facevamo tutto insieme: giocavamo, ci confidavamo, dormivamo una a casa dell'altra e non avevamo segreti. Era davvero un rapporto speciale. Poi, sette anni fa, mi sono trasferita prima a Lissone poi a Milano, e a Milano ho passato la maggior parte della mia adolescenza. Qualcuno potrebbe pensare che il nostro rapporto sia finito allora, per colpa della distanza e della distrazione.

INVECE NO! LEI CONTINUA A STARMI VICINO E OGNI VOLTA CHE CI VEDIAMO È COME SE IL TEMPO NON FOSSE PASSATO.

Ogni volta che torno a Catania, anche solo per un paio di giorni, Francesca trova sempre il tempo per vedermi. Immaginate per esempio la mia sorpresa quando me la sono trovata davanti, pronta per portarmi in giro con la sua

Microcar su cui, per l'occasione, aveva scritto "Taxi"... Ma l'emozione più grande è stata trovarla ad aspettarmi all'aeroporto il giorno che sono rientrata dalle Olimpiadi di Londra! Lei è un'amica vera, gioisce dei miei successi e mi sta vicino... anche da lontano.

Gli amici sono la famiglia che ti scegli. Io ho avuto la fortuna di trovarne di meravigliosi, e la mia famiglia vera (che già è speciale) si è allargata con persone altrettanto speciali. Qui a Milano, per esempio, vivo a stretto contatto con un gruppo di persone simpatiche e divertenti.

Ci sono tre ginnasti che si allenano con me al centro tecnico, Filippo, Lorenzo e Marco, e poi Francesca, Nicolò, Alessandro e Stefano. Usciamo insieme il sabato sera, e Stefano mi ha persino accompagnata a farmi il terzo tatuaggio. Ma il nostro rapporto è speciale perché non si basa solo sul divertirsi e passare del tempo insieme.

IO LI CONSIDERO QUASI
LA MIA SECONDA FAMIGLIA.

Abbiamo persino chiamato il nostro gruppo su WhatsApp "*Big Family*": lì parliamo tranquillamente di tutto, in ogni momento del giorno, ed è bello sapere che ci sono. Pronti a darmi un consiglio quando sono indecisa, a tirarmi su di morale se qualcosa mi è andato storto, a gioire con me se invece ho avuto un successo.

ALLA BASE DELL'AMICIZIA PROFONDA C'È SEMPRE LA FIDUCIA, LA SERENITÀ, LA CERTEZZA CHE GLI AMICI CI VOGLIONO BENE PER COME SIAMO, ANCHE CON I NOSTRI DIFETTI.

E siccome sappiamo che ci vogliono bene, dagli amici siamo disposti ad accettare anche critiche, consigli e suggerimenti che non accetteremmo da altri. Almeno, a me succede così.

Ma oltre a loro, ho una fortuna immensa... voi, i miei fan! In particolar modo sono diventata amica di tre fantastiche ragazze: Giulia, Giulia e Silvia (una vera sostenitrice: mi ha accompagnata anche in diverse competizioni internazionali) che ho anche invitato alle mie feste di compleanno (dei 18 anni e dei 18+1). Ma anche se forse non sono brava a dimostrarvelo io considero tutti voi miei amici.

OGNI VOLTA CHE HO QUALCHE PROBLEMA RIUSCITE SEMPRE A MIGLIORARE LA MIA GIORNATA, È INCREDIBILE!

Ricordo addirittura che una volta ero a casa ad annoiarmi e ho lanciato un SOS via Twitter: qualcuno verrebbe al cinema con me? Subito un paio di voi sono arrivate in mio soccorso e abbiamo passato uno splendido pomeriggio insieme in piazza Duomo a Milano.
Vedete quanto sono fortunata? Chi può dire di avere più di 150.000 amici del cuore? Spero solo, in qualche modo, di esservi vicina come voi siete vicini a me e di riuscire a ricambiare i quintali di affetto che mi date!

Playlist

Dionne Warwick & friends * *That's What Friends Are For*
Calvin Harris * *Drinking from the Bottle*
Rihanna * *Umbrella*
Imagine Dragons * *Demons*
Antonello Venditti * *Ci vorrebbe un amico*
Katy Perry * *Last Friday Night*
Lady Gaga * *Do What U Want*

"La peggior solitudine è essere privi di un'amicizia sincera."

Francis Bacon

"Molte persone entreranno e usciranno dalla tua vita, ma soltanto i veri amici lasceranno impronte nel tuo cuore."

Eleanor Roosevelt

Nel mio Diario

...

"Non sono l'acqua e il fuoco, come dicono, a esser utili in tante situazioni, è l'amicizia."

Cicerone

"Circondati di persone speciali e vedrai che diventerai speciale anche tu."

Frase letta in rete

"Chi smette di esserti amico non lo è mai stato veramente."

Esiodo

"Ohana vuol dire famiglia e famiglia vuol dire che nessuno viene abbandonato o... dimenticato."

Dal film *Lilo & Stich*

"Un amico lontano è a volte più vicino di qualcuno a portata di mano."

Kahlil Gibran

e nel tuo?

Dieci cose che ho imparato sull'amicizia

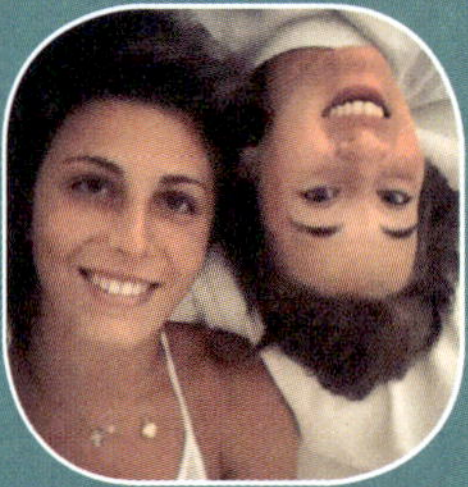
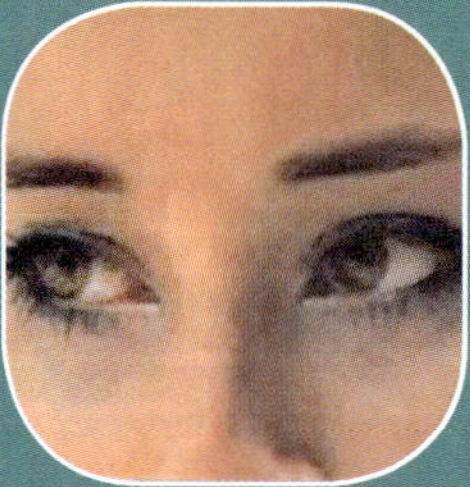
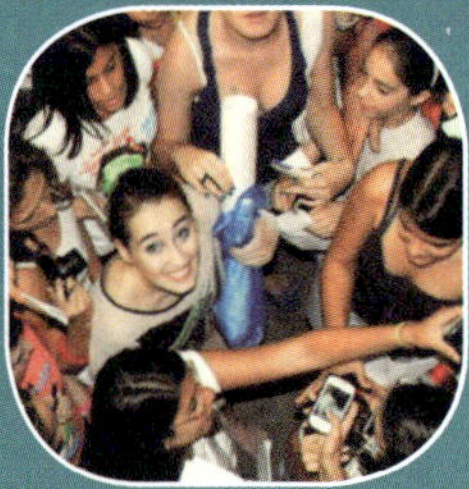

DA LUDOVICA: Se non fosse già mia sorella, sarebbe la mia migliore amica.

DA FRANCESCA: 1.346 chilometri di distanza non contano niente, se l'amicizia è sincera!

DA UNA DELUSIONE: Un vero amico ti difende di fronte agli altri e ti critica quando siete soli.

DAI MIEI FAN: Chi l'ha detto che non si possono avere più di 150.000 veri amici?

DA TEO: Scegliti come fidanzato una persona che sceglieresti anche come amico.

DAL VILLAGGIO OLIMPICO DI LONDRA: Vivere con 16.000 atleti provenienti da tutto il mondo può far nascere delle amicizie inaspettate.

DAGLI ONE DIRECTION: Hanno dichiarato che il segreto del loro successo è la loro amicizia.

DALLE PARALLELE: L'unione fa la forza... di gravità! Se non puoi sconfiggere l'attrezzo, cerca di fartelo amico. Quasi sempre si ottiene di più con la diplomazia che con lo scontro.

DALLA MIA TRASFERTA A MOSCA: In Russia, si chiamano per nome solo gli amici. Per tutti gli altri si usa anche il cognome. Così è facile distinguere gli amici veri dai conoscenti...

DALLA GINNASTICA: Lo sport allena l'amicizia. Se una compagna di squadra fa meglio di me, sono felice del suo successo!

Dieci cose che cerco in un amico

LA SINCERITÀ

LA VOGLIA DI DIVERTIRSI

LA CAPACITÀ DI ASCOLTARE

IL PERDONO

LA LEALTÀ

IL SOSTEGNO

LA PAZIENZA

L'ALLEGRIA

LA CURIOSITÀ

L'ATTENZIONE

La tua migliore amica ha una gonna che le sta proprio male... meglio se glielo dici tu in modo affettuoso, piuttosto che un'altra persona.

Pensa a una cosa che hai voglia di fare, poi pensa a come sarebbe più bello se ci fosse qualcuno insieme a te!

Pensa all'ultima volta che qualcuno aveva voglia di parlare con te, di raccontarti i suoi problemi. Sei stato disponibile?

Gli amici non sono perfetti. Anche se qualcosa ti ha fatto davvero arrabbiare, cercate di chiarirvi e di non lasciare nessuna questione in sospeso.

Hai mai parlato alle spalle di un'amica? Magari semplicemente perché in quel momento eri un po' arrabbiata? Se fosse stata lei a parlare male di te, come ti saresti sentita?

Nel gruppo di amici qualcuno è a dieta? Magari l'abbuffata del sabato sera può aspettare.

Chiama subito la tua amica e dille che sì, vai volentieri con lei a cercare quel paio di pantaloni che desidera tanto.

È il suo compleanno? Organizza una festa a sorpresa!

Se un tuo amico ha una passione per qualcosa che non conosci, lasciati coinvolgere. Potreste scoprire un nuovo interesse in comune.

Del tuo migliore amico, sai dire: il giorno del compleanno? Il colore preferito? Se preferisce la pizza o il sushi?

Rabbia

Di solito gli uomini quando sono tristi
non fanno niente; si limitano a piangere
sulla propria situazione.
Ma quando si arrabbiano, allora
si danno da fare per cambiare le cose.

- MALCOLM X -

Prima di una gara sembro arrabbiatissima... ma è il mio modo per trovare la concentrazione.

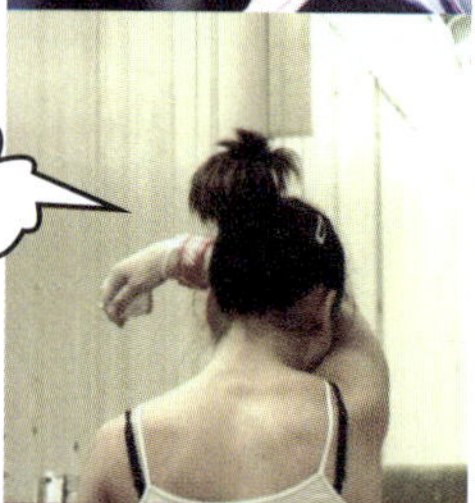

Sapete quando mi arrabbio di più?
Quando qualcuno è convinto che io non sappia fare qualcosa. Allora mi impegno in tutti i modi per dimostrare che si sbaglia.
Vi do un consiglio. Quando siete arrabbiati, dovete fare di tutto affinché la vostra rabbia diventi qualcosa di positivo.

QUELLO CHE VI FA INFURIARE PUÒ DIVENTARE UNO STIMOLO FORMIDABILE. A ME SUCCEDE SEMPRE COSÌ.

L'abitudine di trasformare l'arrabbiatura dei fallimenti in "carburante" per le mie vittorie successive l'ho sempre avuta, fin da piccola.
Ricordo che nel 2004, quando avevo nove anni ed ero al mio secondo campionato italiano, a Montevarchi, ero una delle favorite: ma durante l'esercizio alla trave mi sono dimenticata – stupidamente! – di fare un elemento obbligatorio. L'errore mi è costato molti punti, tanto da farmi precipitare oltre la decima posizione in classifica.

Bene, sapete che cosa ho fatto? Quello stesso giorno sono tornata subito in palestra per allenarmi!
E un mese dopo, nella mia prima competizione internazionale, a Bettembourg, ho fatto uno dei migliori esercizi alla trave della gara. Non solo non mi sono scordata quell'elemento ma, insieme alla mia squadra, ho anche conquistato una splendida vittoria.

ANCHE LA RABBIA PUÒ ESSERE RICONVERTITA IN UN SUCCESSO!

Una delle cose che mi fanno perdere la pazienza è quando non mi riesce un elemento in palestra, magari qualcosa che fino al giorno prima avevo provato e riprovato cento volte e che non mi aveva dato problemi.
In questi casi mi metto d'impegno e resto al lavoro fin-

ché non riesco a eseguire l'esercizio alla perfezione. A dire la verità capita anche che mi butti tantissimo giù, ma non dura mai più di ventiquattro ore: mi rilasso con un po' di musica e il giorno dopo mi ci rimetto con ancora più determinazione. L'altra cosa che davvero non sopporto sono i pregiudizi e l'aggressività gratuita, soprattutto sui social network. Fino a qualche tempo fa, per esempio, mi arrabbiavo tantissimo per le critiche che mi arrivano da persone con cui non ho mai scambiato neanche una parola. Ancora oggi a volte mi capita di vedere, su Facebook o Twitter, commenti che mi riguardano. Prima me la prendevo, poi ho riflettuto: se non mi conoscono, come diavolo fanno a giudicarmi? E ancora, perché nascondersi, come fanno tanti, dietro i profili fasulli, i *fake*? Ma non si stancano di fingere d'essere chi non sono? Che piacere si può provare a vivere sotto una falsa identità? Magari, le persone che criticano tutti e tutto dietro falso nome sono proprio quelle che – se mi incontrano – non hanno il coraggio di dirmi le stesse cose in faccia. Non bisogna mai dare tutta questa importanza a uno schermo! Quello che veramente conta è chi vi vuol bene di qua, nella vita reale...

INTENDIAMOCI, LE CRITICHE A VOLTE SONO PREZIOSE E SONO UN GRANDE STIMOLO A MIGLIORARSI.

Soprattutto se vengono dalle persone che vi amano. Ma chiedetevi sempre se sono fatte per il vostro bene o se non sono invece lo sfogo di chi preferisce perdere tempo a demolire i sogni altrui, invece di inseguire i propri. Non fatevi mai smontare da nessuno, non permettete a nessuno di farvi andare storta una giornata, o una settimana, per le cose stupide che dice di voi. L'importante è sentirsi a posto con se stessi, sapere di aver dato il massimo (in palestra, a scuola, con gli altri), non avere niente da rimproverarsi, sapere ammettere i propri errori. Tutto il resto non conta.

La gente trova sempre qualcosa che non va bene in quello che siete e in quello che fate. Non sprecate nemmeno un briciolo di energia per tutto ciò.

IL TRUCCO È: SORRIDERE, VIVERE AL MASSIMO LA PROPRIA VITA E... FREGARSENE!

Playlist

Skrillex * *Kill Everybody*
Taylor Swift * *Mean*
Miley Cyrus * *Wrecking Ball*
One Direction * *Taken*
One Direction * *Rock Me*
David Guetta ft. Sia * *Titanium*

"Se qualcuno vi porta un dono e voi non lo accettate, a chi appartiene il dono?" domandò il samurai. "A chi ha tentato di regalarlo" rispose uno dei discepoli. "Lo stesso vale per l'invidia, la rabbia e gli insulti" disse il maestro. "Quando non sono accettati, sono di chi li portava con sé."

Storiella zen

Nel mio Diario

...

"Quando mi ispira la rabbia lavoro meglio."

Martin Lutero

"Credo che la vera concentrazione si trovi ad un certo punto tra la rabbia e la serenità."

Dal film *X-Men*

"Ero arrabbiato con il mio amico, gli ho detto della mia rabbia, la rabbia è sparita. Ero arrabbiato con il mio nemico, non gli ho detto della mia rabbia, la mia rabbia è aumentata."

William Blake

"La rabbia è una follia momentanea, quindi controlla questa passione o essa controllerà te."

Orazio

"Tu non verrai punito per la tua rabbia. Tu verrai punito dalla tua rabbia."

Buddha

e nel tuo?

Dieci cose che ho imparato sulla rabbia

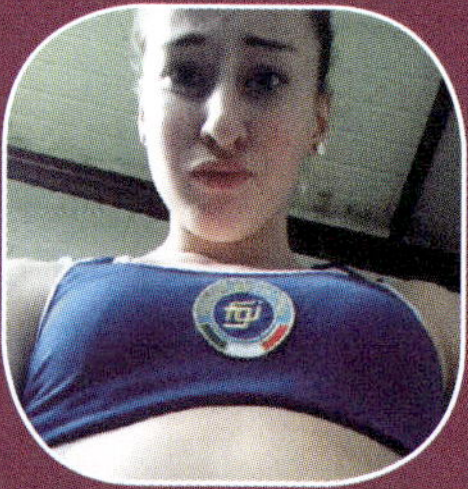

DALLA MIA NONNINA: Fregatene di tutti e fai quello che sai fare.

DAL MIO ALLENATORE PAOLO: Arrabbiati solo per quello che puoi cambiare. Il resto è distrazione.

DALLO SPECCHIO: Nessuno è bello con una faccia arrabbiata.

DAL MURO DELLA PALESTRA: Se gli tiro un calcio per sfogarmi, mi faccio male solo io. :(

DALLE CRITICHE SUI SOCIAL: Le persone arrabbiate con il mondo quasi sempre in realtà odiano se stesse.

DALLE GIURIE: Non mostrare la rabbia per gli insuccessi, ma la voglia di fare meglio la prossima volta.

DA JUSTIN BIEBER: Ignora le voci e concentrati sulla verità.

DAGLI EUROPEI DI MOSCA: Il modo migliore per sfogare la rabbia dopo un esercizio andato male è impegnarsi al massimo per fare in modo perfetto quello successivo.

DAL GIORNALE: In vari posti del mondo esistono stanze in affitto dove ci si può chiudere per mezz'ora, mettere la musica altissima e spaccare tutto. Il prezzo è ragionevole, ma non so se mezz'ora mi basta...

DAL MIO CANE PEPE: A volte ringhiare non basta. Bisogna proprio mordere!

Dieci cose che mi fanno arrabbiare

LE BUGIE

CHI FA LA VITTIMA

LE INGIUSTIZIE

I RITARDATARI

LA MALEDUCAZIONE

GLI ERRORI IN GARA

I FALSI AMICI

LA STUPIDITÀ

I PERMALOSI

LA... RABBIA

Quando stai per dirne una, anche se piccola, chiediti se proprio non puoi farne a meno. È meglio un: "Non ho voglia di uscire perché sono stanca" piuttosto di un finto appuntamento dal dentista.

Non sopporto chi si lamenta delle cose e non fa nulla per cambiarle. Se la prof di matematica continua a darti 4, studia e dimostrale chi sei!

Io non sto mai zitta davanti alle ingiustizie, e dico sempre quello che penso. Magari non serve a molto... ma mi fa sentire meglio.

Invece che far aspettare gli amici davanti alla pizzeria, esci di casa dieci minuti prima così, anche in caso di imprevisto, sarai puntuale.

La prossima volta che qualcuno è sgarbato con te, faglielo notare. Basta sopportare, cafoni di tutto il mondo, ci avete rotto!

Non distrarti, è la concentrazione la chiave di tutto. Concentrati solo su quello che devi fare, lasciando fuori il resto.

Anzi no... Quelli non mi fanno più arrabbiare: meglio perderli.

È inutile perdere tempo a discutere di cose inutili. Il tuo tempo è prezioso: quando litighi per una cosa senza importanza tira il freno, sorridi... e gira i tacchi.

Anch'io ogni tanto me la prendo per una battuta che non mi piace. Però bisogna distinguere: se non c'è cattiveria, ben venga. Non c'è niente di più bello che imparare a ridere dei propri difetti.

Il mio motto è: VIETATO RIMUGINARE.
La rabbia è come una palla: bisogna tenerla un po' in mano, e poi buttarla via.

Pazzia

La pazzia è genialità,
ed è meglio essere assolutamente ridicoli
che assolutamente noiosi.

- MARILYN MONROE -

Una mia follower mi ha scritto: "Come sei dolce tu. Più di un unicorno e un panda immersi nel cocco e ricoperti di cioccolata". Pazzia!

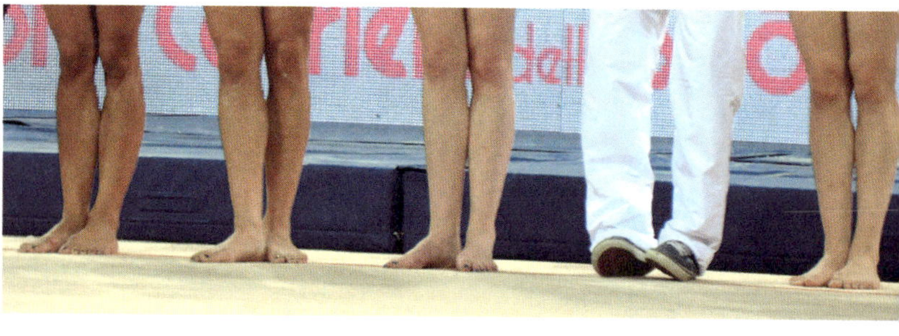

Una volta ho letto da qualche parte: "Sarebbe da pazzi vivere la vita senza un pizzico di follia".
Anche io la penso proprio così. La vita ha bisogno di un po' di pazzia. È così bello uscire ogni tanto dai binari, rompere gli schemi, fare qualcosa di inaspettato, di bizzarro, di giocoso. Vi ricordate quanto si era felici da piccoli, quando non avevamo pensieri? Poi, crescendo, diventiamo tutti più razionali e perdiamo la leggerezza, la spensieratezza, la gioia...
Quest'anno ho compiuto diciannove anni, ma non importa. Tanto, alla domanda: "Quanti anni hai?" continuerò a rispondere: "Diciotto", almeno per i prossimi due. Non voglio invecchiare mai. Non parlo delle rughe, non voglio invecchiare dentro.

VOGLIO POTER MANTENERE
IL PIÙ A LUNGO POSSIBILE LA FOLLIA
E LA POESIA DI QUESTO MOMENTO.

Voglio ballare e divertirmi con Teo e con i miei amici, cantare a squarciagola come facevo a otto anni, e baciare i palloncini... Sì, baciare i palloncini proprio come in questa foto, che mi hanno fatto a tradimento a una festa.

Voglio continuare a ridere e scherzare, sempre. Come quando ho preso in giro tutti, qualche tempo fa, facendo credere di essermi tagliata trenta centimetri di capelli.

In realtà mi stavo infilando una T-shirt e mi sono rimasti i capelli dentro... ma sembrava davvero avessi un taglio corto. Ho scattato la foto e... ragazzi, ecco il mio nuovo look! Lo scherzo è riuscito alla grande: mia madre si era disperata, Teo pure!

Mi basta veramente poco, per divertirmi. Ho sempre fatto scherzi scemi a tutti, fin da quando ero piccola.

Non voglio mai smettere di fare cose buffe (mi avete vista travestita da coniglio?), di prendermi in giro, di mettermi in gioco.

VI DO UN CONSIGLIO: FATE OGNI GIORNO UNA PICCOLA FOLLIA.

Stupite gli altri, e stupite soprattutto voi stesse. Ogni tanto serve pensare meno e lasciarsi andare. Ballare fino a farsi girare la testa, buttarsi giù dalle montagne russe, improvvisare un musical in metropolitana, urlare con tutto il fiato che si ha in corpo, mangiarsi un intero vassoio di pasticcini, dipingersi la faccia con la Nutella, innamorarsi al primo sguardo, fidarsi dell'istinto e non della testa. A pensare troppo si rischia di precludersi delle possibilità. E non ci sarà una seconda vita per rimediare...

L'IMPORTANTE È NON ESAGERARE.
BISOGNA PRENDERE LA GIUSTA
QUANTITÀ DI TUTTO.
ANCHE LA GIUSTA QUANTITÀ DI FOLLIA...

Ma oltre alle piccole e sane pazzie quotidiane, follia è anche seguire i propri sogni e continuare a sognare. Probabilmente quando per la prima volta, da piccola, ho detto che volevo andare alle Olimpiadi, i miei compagni di scuola, e forse anche i miei genitori, avranno pensato: "Questa è matta". E a modo loro avevano ragione: quante probabilità c'erano che io ce la potessi fare? Invece quella follia mi ha portato lontano, mi ha spinto a credere ai miei sogni anche quando sembravano impossibili, quando la cosa più saggia sembrava accontentarsi di ambizioni più piccole.

E QUELLA CHE ALLORA SEMBRAVA UNA FOLLIA È DIVENTATA REALTÀ.

Playlist

Radici nel Cemento * *Bella ciccia*
Shakira ft. Pitbull * *Rabiosa*
U2 * *City of Blinding Lights*
Diana Ross * *Ain't No Mountain High Enough*
Desaparecidos * *Fiesta Loca*
Alanis Morissette * *Crazy*
Miley Cyrus * *We Can't Stop*
One Direction * *Live While We're Young*

"Se non ce la fai più e senti che tutto il mondo è contro di te, mettiti a testa in giù. Se ti viene in mente di fare qualche pazzia, falla."

Harpo Marx

Nel mio Diario

...

"Lascia che la tua follia si fonda con la mia."

Emma Marrone, *Purché tua*

"Le sole cose che non si rimpiangono sono le pazzie."

Oscar Wilde

"Solo quelli che sono così folli da pensare di cambiare il mondo lo cambiano davvero."

Albert Einstein

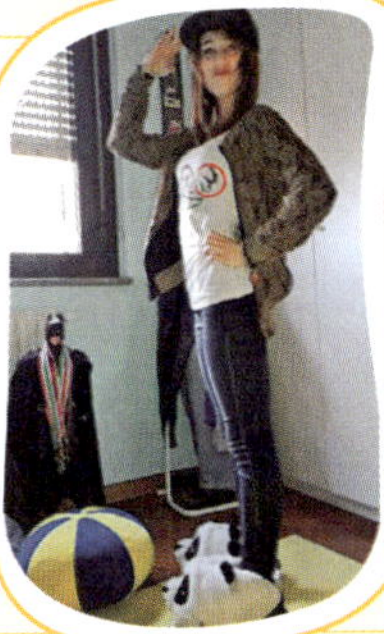

"Voglio continuare ad essere folle, vivendo la mia vita nel modo in cui la sogno e non come desiderano gli altri."

Paulo Coelho

"Voglio una vita che non è mai tardi, di quelle che non dormi mai. Voglio una vita, la voglio piena di guai."

Vasco Rossi,
Vita spericolata

e nel tuo?

Dieci cose che ho imparato sulla pazzia

DA MIA SORELLA LUDOVICA: Non c'è modo migliore di iniziare la giornata che cantando a squarciagola.

DALLA TRAVE: È sempre il mio attrezzo preferito, anche quando ci ballo sopra come se fossi in discoteca!

DA MIO FRATELLO GIANPAOLO, BOCCONIANO DOC: Non è detto che nella vita 2+2 faccia sempre 4.

DA JOHNNY DEPP: La gente ti chiama pazzo quando fai qualcosa che loro non avrebbero mai il coraggio di fare.

DA PAPÀ: Bisogna fare tutte le esperienze possibili nella vita.

DAL VOCABOLARIO: Quanti significati meravigliosi racchiude la parola pazzia: stranezza, stravaganza, bizzarria, originalità, capriccio, ghiribizzo, esaltazione, anormalità, follia. Ce ne aggiungo uno: SCLERO!

DAL 15 FEBBRAIO: L'età è solo una questione di testa...

DAL NATALE: Solo a me può venire la geniale idea di andare a correre il 25 dicembre...

DALLE PARALLELE: È facile restare aggrappati alle proprie sicurezze. Ma se accetti di mollare la presa, anche se sembra una pazzia, scoprirai che puoi persino volare.

DAL MIO CANE PEPE: Rotolarsi nell'erba è uno dei migliori passatempi al mondo!

Dieci pazzie che ho fatto

- ANDARE VIA DA CASA A 12 ANNI
- MANGIARE UN INTERO TUBO DI PRINGLES
- GUARDARE TUTTA LA SAGA DI HARRY POTTER IN UN GIORNO
- SPENDERE UNA CIFRA ESAGERATA PER UNA BORSA
- USCIRE SENZA OMBRELLO DURANTE UN TEMPORALE
- TORNARE ALL'IMPROVVISO A CATANIA PER QUALCHE GIORNO
- MANDARE UN MESSAGGIO A UNA PERSONA CHE NON SENTIVO DA TANTISSIMO TEMPO
- BALLARE SULLA TRAVE IN ABITO DA SERA
- SALTARE AL COLLO DI ALESSANDRO PREZIOSI
- DIPINGERMI LE UNGHIE ARCOBALENO

Sembra una pazzia, ma non bisogna farsi spaventare da niente pur di inseguire i propri sogni.

C'è qualcosa che ti piace da impazzire, ma sai che non ti fa bene? Togliti la voglia e, per una volta, conceditela.

Se ti sembra di avercela con il mondo intero, prenditi qualche ora per fare qualcosa che ti piace... vedrai che ti passa!

Una volta ogni tanto, viziati! Niente sensi di colpa, basta non esagerare.

Pensa a una cosa un po' stupida e falla, può essere divertente!

Ci sono momenti in cui quello che serve è l'abbraccio della propria famiglia. Pensaci.

Scrivi una lista di persone che hai perso di vista e contattale, potrebbero rinascere belle amicizie.

Fai un elenco di tre piccole pazzie e realizzale. Hai tempo una settimana.

Non sprecare mai le occasioni. Potrebbero non ripresentarsi mai più.

Sforzati di essere originale. Sei unica, ricordatelo sempre.

Ogni giorno
è più leggero perché…

...so che siete sempre con me.

ays with you

Crediti fotografici

© Sergio Pappalettera, Athanasios Alexo/Studio ProDesign: pp. 7, 10, 27 (a sinistra), 34 (riquadro 5), 52, 82 (in basso a destra), 90 (riquadro 3), 94, 96 (al centro), 99 (riquadri 1, 3), 104 (riquadro 6), 146 (riquadro 2), 150-151, 152-153, 154.

© Filippo Tomasi: pp. 5, 8, 16 (tondo 1, 4), 19 (in basso), 24, 26 (in basso), 27 (in alto a destra), 28 (in alto), 34 (riquadri 2, 7), 68 (in alto a sinistra), 104 (riquadro 1), 122, 124 (a destra al centro), 125, 126 (in basso), 132 (riquadro 6).

© Silvia Vatteroni: pp. 12 (rettangolo a destra), 14, 15 (a sinistra), 16 (tondo 2), 18, 19 (in alto), 20 (riquadri 2, 10), 26 (a destra), 28 (in basso), 32 (in alto), 33 (in alto a destra e a sinistra), 34 (riquadri 1, 3), 36, 48 (riquadri 2, 10), 54 (in alto a sinistra), 56 (a sinistra), 57, 62 (riquadri 9, 10), 72 (al centro), 76 (riquadro 5), 85 (in alto), 90 (riquadri 4, 5), 96 (in alto a destra e secondo riquadro in basso), 98, 104 (riquadro 9), 110 (in alto a destra), 118 (riquadro 8), 124 (in alto a destra), 127 (in alto), 132 (riquadri 2, 8), 138 (in basso), 145 (a destra), 146 (riquadri 7, 9).

© Alessandro Miraglia: pp. 2, 20 (riquadro 5), 22, 38, 42, 48 (riquadro 1), 50, 62 (riquadro 4), 66, 69 (a destra), 76 (riquadro 8), 80, 90 (riquadro 9), 106, 136.

© United Press International/eyevine: p. 142.

Per gentile concessione della famiglia Ferlito: pp. 34 (riquadro 9), 96 (in alto a sinistra), 104 (riquadro 7), 111 (a destra), 126 (in alto).

Tutte le altre foto sono di Carlotta.

Finito di stampare nel mese di maggio 2014
Presso Cartoedit s.r.l. - Città di Castello (PG)
Printed in Italy